SOMON PİŞİRMENİN TEMEL KILAVUZU

90 IZGARA, FIRINLANMIŞ, HAŞLANMIŞ VE KIZARTILMIŞ SOMON TARIFI

Eylül Çelik

İÇİNDEKİLER

GİRİİŞ

Somon, genellikle bulunduğu okyanusa göre sınıflandırılan yağlı bir balıktır. Pasifik'te Oncorhynchus cinsinin bir parçası olarak kabul edilirler ve Atlantik'te Salmo cinsine aittirler. Atlantik'te göç eden yalnızca bir tür var, ancak Pasifik somonunun beş türü mevcut: Chinook (veya kral), sockeye (veya kırmızı), koho (veya gümüş), pembe ve chum.

Somondaki B12 vitamini kan ve sinir hücrelerinin çalışmasını sağlar ve DNA yapmanıza yardımcı olur. Ancak sağlığınız için somonun gerçek güzelliği, omega-3 yağ asitleri açısından zengin olmasıdır. Omega-3'lerin çoğu "esansiyel" yağ asitleridir. Vücudunuz bunları üretemez ancak vücudunuzda kritik roller oynarlar.

1. Japon Somon Kasesi

Porsiyon Boyutu: 4

İçindekiler:

- Biber sosu, bir çay kaşığı
- Soya sosu, bir çay kaşığı
- Pirinç, iki bardak
- Susam yağı, bir yemek kaşığı
- Zencefil, iki yemek kaşığı
- Tatmak için biber ve tuz
- Susam tohumları, bir çay kaşığı
- Sirke, bir çay kaşığı
- Gerektiği gibi rendelenmiş nori
- Somon, yarım kilo
- Kıyılmış lahana, bir bardak

Talimatlar:

a) Pirinci, üç bardak suyu ve yarım çay kaşığı tuzu geniş bir tencereye koyup kaynatın ve on beş dakika veya suyu çekene kadar pişirin.

b) Sirkeyi, soya sosunu, biber sosunu, susam yağını, susam tohumlarını ve zencefili bir kaseye koyun ve iyice karıştırın.

c) Somonu ekleyin ve tamamen kaplanana kadar yavaşça karıştırın.

d) Kıyılmış lahanayı ve susam yağını bir kaseye koyun ve iyice birleşene kadar karıştırın.

e) Her kaseye büyük bir kaşık dolusu pirinç koyun, lahanayı ekleyin ve mayonezin üzerine sıkın.

2. Japon süslü teriyaki

İçindekiler

- 2 lb somon
- 3 yemek kaşığı doğranmış yeşil soğan
- 2 yemek kaşığı siyah ve beyaz susam
- $\frac{1}{2}$ su bardağı sızma zeytinyağı
- Teriyaki sosu
- 4Yemek kaşığı soya sosu
- 1 bardak mirin
- 2 $\frac{1}{2}$ bardak. Şeker

Talimatlar

a) Teriyaki sosunu hazırlamak için başlığındaki tüm malzemeleri bir tencereye ekleyip kısık ateşte koyulaşana kadar pişirin. Ateşten alın ve soğumaya ayarlayın

b) Yapışmaz bir tavaya biraz yağ dökün ve somonu oraya koyun. Tavayı kapatın ve somonu orta ateşte eşit şekilde kahverengi olana kadar pişirin.

c) Servis tabağına alıp üzerine teriyaki sosunu gezdirin.

d) Beyaz susam ve doğranmış yeşil soğanla süsleyin

3. Onigiri

Porsiyon Boyutu: 3

İçindekiler:

- Nori sayfası gerektiği gibi
- Umeboshi, bir
- Soya sosu, yarım çay kaşığı
- Mirin, yarım çay kaşığı
- Ton balığı, bir bardak
- Japon mayonezi, iki yemek kaşığı
- Tuzlu somon, tek parça
- Pişmiş pirinç, iki bardak

Talimatlar:

a) Pirinçleri, pilav pişiricinize göre pişirin veya pilav pişiriciniz yoksa buradaki talimatları izleyin.

b) Pişen pirinci soğuması için ayrı bir kaba aktarın.

c) Kullanacağınız tüm iç malzemeleri hazırlayıp bir kenara koyun.

d) Deniz yosunu tabakasını hazırlayın.

e) Streç ambalajı pirinç kasesinin üzerine yerleştirin.

f) Pişmiş pirincin bir kısmını streç filmin ortasına yerleştirin.

g) Pirincin ortasına yaklaşık 1 çay kaşığı umeboshi koyun ve etrafını pirinçle örtün.

h) Streç ambalajı pirinçlerin üzerine sarın ve pirinçleri elinizle sıkıp üçgen şekline getirin.

i) Streç ambalajı çıkarın ve pirinç üçgeninin altını bir nori kağıdıyla örtün.

j) Yemeğiniz servise hazır.

4. Japon somonu ve salatalık ısırıkları

İçindekiler

- 1 salatalık. Cesurca dilimlenmiş
- $\frac{1}{2}$ kiloluk somon fileto
- 1 $\frac{1}{4}$ çay kaşığı soya sosu
- 2 yemek kaşığı soğan. İnce kıyılmış
- 1 çay kaşığı mirin
- 1 Ichimi togarashi (Japon biberi)
- 1 çay kaşığı susam yağı
- $\frac{1}{2}$ çay kaşığı siyah susam

Talimatlar

a) Küçük bir karıştırma kabında somonu, soya sosunu, yeşil soğanı, susam yağını ve mirin'i birleştirin.

b) Salatalık dilimlerini bir tabağa yerleştirin, üzerine bir kaşık somon balığı koyun ve kalan yeşil soğan ve susam serpin.

5. Teriyaki ramen kaseleri

Porsiyon: 6

İçindekiler
- 1 1/2 lbs somon filetosu, derisi alınmış ve kemikleri çıkarılmış tuz ve karabiber
- 5 yemek kaşığı teriyaki turşusu
- sürtünme için bitkisel yağ
- 2 yemek kaşığı kırmızı şarap sirkesi
- 1/4 C tatlı biber sosu
- 6 yemek kaşığı Asya balık sosu
- 3 yemek kaşığı taze zencefil, rendelenmiş
- 1 lb soba eriştesi
- 1 yemek kaşığı hazır bulyon granülü
- 1/2 C. yeşil soğan, ince dilimlenmiş
- 1 1/2 C. Ispanak
- 1 yemek kaşığı susam tohumu, kızartılmış

Talimatlar
a) Somon filetolarının üzerine biraz tuz ve karabiber serpin.

b) Büyük bir kilitli torba alın: Somon filetolarını teriyaki turşusuyla birleştirin. Torbayı kapatın ve kaplanması için sallayın. Biber sosunu hazırlamak için:

c) Küçük bir karıştırma kabı alın: Sirkeyi, biber sosunu, balık sosunu ve zencefili içine karıştırın. Bir kenara koyun.

d) Erişteleri baharat paketi olmadan paketin üzerindeki talimatlara göre hazırlayın.

e) Somon filetolarını marinattan çıkarın ve bir miktar yağla kaplayın.

f) Büyük bir tavayı orta ateşe koyun ve ısıtın. Somon filetoyu her iki tarafta 3 ila 4 dakika pişirin.

g) Somon turşusunun yarısını tavaya ekleyin ve üzerini kaplayın.

h) 6 dakika bekletin.

i)   Somonu parçalara ayırın ve üzerine bir tutam tuz ve karabiberle birlikte ıspanağı ekleyin. Bunları 2 ila 3 dakika pişirin.

j)   Büyük bir tencereyi orta ateşte yerleştirin. İçerisindeki 6 C. suyu kaynamaya başlayıncaya kadar pişirin. Bulyon tozunu ve beyaz soğan parçalarını ekleyin.

k)   Isıyı azaltın ve suyu hazırlamak için tencereyi bir kenara koyun.

l)   Erişteleri süzüp servis kaselerine alın. Üzerine sıcak suyu dökün ve üzerine somon filetolarını ekleyin. Eğlence.

6. Öğle Yemeği Somon Salatası

Porsiyon: 3

İçindekiler:

- 1 su bardağı konserve somon, kuşbaşı
- 1 yemek kaşığı limon suyu
- 3 yemek kaşığı yağsız yoğurt
- 2 yemek kaşığı kırmızı dolmalık biber, doğranmış
- 1 çay kaşığı kapari, süzülmüş ve doğranmış
- 1 yemek kaşığı kırmızı soğan, doğranmış
- 1 çay kaşığı dereotu, doğranmış
- Bir tutam karabiber
- 3 dilim tam buğday ekmeği

Talimatlar:

a) Bir kapta somonu limon suyu, yoğurt, dolmalık biber, kapari, soğan, dereotu ve karabiberle birleştirip iyice karıştırın.

b) Bunu her ekmek diliminin üzerine sürün ve öğle yemeğinde servis yapın.

7. Pesto'da Somon

Verim: 4 porsiyon

İçindekiler

- 4 (3 ons) derisiz somon filetosu
- 1 demet kuşkonmaz, uçları kesilmiş
- 2 çay kaşığı zeytinyağı
- 1/2 çay kaşığı karabiber, bölünmüş
- 4 çay kaşığı taze limon suyu, bölünmüş
- 1 litre üzüm domates, yarıya bölünmüş

PESTO

- 1/2 su bardağı paketlenmiş taze fesleğen yaprağı
- 1 çay kaşığı çiğ kabuklu ayçiçeği çekirdeği
- 1 yemek kaşığı rendelenmiş parmesan peyniri
- 1 diş sarımsak, doğranmış
- 1/16 çay kaşığı tuz
- 1/16 çay kaşığı karabiber
- 2 yemek kaşığı zeytinyağı

Talimatlar:

a) Fırını önceden 400 Fahrenheit dereceye ısıtın. 4 x 14 inçlik alüminyum folyo şeritleri

b) Pesto sosunu hazırlayın. Fesleğen, ayçiçeği çekirdeği, parmesan peyniri, sarımsak, tuz ve 1/16 çay kaşığı biberi bir mutfak robotunda birleştirin.

c) Tüm malzemeler birleştirilene ve fesleğen iri bir şekilde kıyılana kadar nabız atın. Mutfak robotu çalışırken sos pürüzsüz hale gelinceye kadar karışıma 2 yemek kaşığı zeytinyağı gezdirin.

d) Kuşkonmaza 2 çay kaşığı zeytinyağı ve 1/4 çay kaşığı biber ekleyip iyice karıştırın. Somonun her iki tarafını da kalan 1/4 çay kaşığı biberle baharatlayın.

e) Kuşkonmazın dörtte birini folyo kağıdına yerleştirin. Üstüne 1 somon filetosu Balığın üzerine 1 tatlı kaşığı limon suyu gezdirin ve üzerine 1 yemek kaşığı pesto sürün.

f) Somonun üzerine 1/4 bardak yarıya bölünmüş domates ekleyin. Folyoyu yanlara sarın, kenarları yuvarlayın ve kıvırın ve paketin üst kısmında bir hava boşluğu bırakın.

g) Toplam dört somon paketi yapmak için kalan Malzemelerle aynı işlemi tekrarlayın.

h) Fırın tepsisine yan yana yerleştirin ve 15-18 dakika ya da somon balığı tamamen pişene kadar pişirin. Eğlence!

8. Tost üzerinde Somon Füme ve Krem Peynir

İçindekiler:

- 8 Fransız baget veya çavdar ekmeği dilimleri
- $\frac{1}{2}$ su bardağı yumuşatılmış krem peynir
- 2 yemek kaşığı beyaz soğan, ince dilimlenmiş
- 1 bardak füme somon, dilimlenmiş
- $\frac{1}{4}$ bardak tereyağı, tuzsuz çeşit
- $\frac{1}{2}$ çay kaşığı İtalyan baharatı
- Dereotu yaprakları ince doğranmış
- Tatmak için biber ve tuz

Talimatlar:

a) Küçük bir tavada tereyağını eritin ve yavaş yavaş İtalyan baharatlarını ekleyin. Karışımı ekmek dilimlerinin içine paylaştırın.

b) Ekmek kızartma makinesini kullanarak birkaç dakika kızartın.

c) Kızarmış ekmeğin üzerine biraz krem peynir sürün. Daha sonra üzerine füme somon ve ince kırmızı soğan dilimleri ekleyin. Kızartılmış ekmek dilimlerinin tamamı kullanılıncaya kadar işlemi tekrarlayın.

d) Servis tabağına alıp üzerine ince kıyılmış dereotu yapraklarını süsleyin.

9. Tost üzerinde Somon Füme ve Krem Peynir

Porsiyon:5 porsiyon

İçindekiler
- 8 Fransız baget veya çavdar ekmeği dilimleri
- $\frac{1}{2}$ su bardağı yumuşatılmış krem peynir
- 2 yemek kaşığı beyaz soğan, ince dilimlenmiş
- 1 bardak füme somon, dilimlenmiş
- $\frac{1}{4}$ bardak tereyağı, tuzsuz çeşit
- $\frac{1}{2}$ çay kaşığı İtalyan baharatı
- Dereotu yaprakları ince doğranmış
- Tatmak için biber ve tuz

Talimatlar:
a) Küçük bir tavada tereyağını eritin ve yavaş yavaş İtalyan baharatlarını ekleyin. Karışımı ekmek dilimlerinin içine paylaştırın.

b) Ekmek kızartma makinesini kullanarak birkaç dakika kızartın.

c) Kızarmış ekmeğin üzerine biraz krem peynir sürün. Daha sonra üzerine füme somon ve ince kırmızı soğan dilimleri ekleyin. Kızartılmış ekmek dilimlerinin tamamı kullanılıncaya kadar işlemi tekrarlayın.

d) Servis tabağına alıp üzerine ince kıyılmış dereotu yapraklarını süsleyin.

10. Haşlanmış yumurta ile kızarmış ekmek üzerinde somon

İçindekiler

- 2 somon filetosu
- 1 demet kuşkonmaz, doğranmış
- 2 kalın dilim kızarmış ekşi mayalı ekmek, taze kesilmiş
- 2 adet serbest gezinen yumurta

Talimatlar:

a) Filetoları dış poşetten çıkarın ve ardından (dondurulmuş halde ve ayrı poşetlerdeyken), filetoları bir tavaya koyun ve üzerini soğuk suyla örtün. Kaynatın ve 15 dakika boyunca yavaşça pişirin.

b) Pişirildiğinde somon filetolarını poşetlerinden çıkarın ve bir tabağa koyun, bu arada yemeği bir araya getirin.

c) Somon pişerken hollandaise hazırlayın. Yarısına kadar su doldurduğunuz ve kısık ateşte kaynamaya getirdiğiniz tencerenin üzerine ısıya dayanıklı bir cam kase koyun. Şimdi tereyağını ayrı bir küçük tavada eritin ve ocaktan alın.

d) Ayrılan yumurta sarılarını ılık suyun bulunduğu kaseye koyun ve çırpmaya başlayın, bunu yaparken yavaş yavaş beyaz şarap sirkesini de ekleyin. Daha sonra eritilmiş tereyağını ekleyerek çırpmaya devam edin. Karışım lezzetli, pürüzsüz, kalın bir sos oluşturacak şekilde birleşecektir. Sos çok kalın görünüyorsa birkaç sıkma limon suyu ekleyin. Biraz tuz ve taze çekilmiş karabiber ile hafifçe tatlandırın.

e) Bir tencereye su ısıtıcıdan aldığınız kaynar suyu doldurun ve orta ateşte, bir tutam deniz tuzu ekleyerek hafif bir kaynamaya getirin. Yumurtaları tek tek bardaklara kırın ve ardından yumurtaları birer birer eklemeden önce suyu hareket ettirecek şekilde karıştırın.

f) Yumuşak bir yumurta için 2 dakika, daha sıkı bir yumurta için 4 dakika pişmeye bırakın. Süzülmesi için delikli bir kaşıkla tavadan çıkarın. Daha sonra kaynar su dolu tencereye sekiz kuşkonmaz sapını koyun ve yumuşayana kadar 1 - $1\frac{1}{2}$ dakika pişirin. Bu arada tostu da pişmeye bırakın.

g) Tost ekmeğini yağlayın ve üzerine kuşkonmaz dilimlerini, ardından haşlanmış yumurtayı, bir veya iki kaşık hollandaise ve son olarak da haşlanmış somon filetoyu ekleyin.

h) Bir tutam deniz tuzu ve çekilmiş karabiber ile tatlandırın ve hemen yiyin!

11. Somon ve yumurta kahvaltı sarması

Porsiyon: 1

İçindekiler

- 2 büyük İngiliz aslanı yumurtası, dövülmüş
- 1 yemek kaşığı doğranmış taze dereotu veya frenk soğanı
- Bir tutam tuz ve taze çekilmiş karabiber
- Bir tutam zeytinyağı
- 2 yemek kaşığı yağsız Yunan yoğurdu
- Biraz rendelenmiş lezzet ve bir miktar limon suyu
- 40 gr füme somon, şeritler halinde dilimlenmiş
- Bir avuç su teresi, ıspanak ve roka yaprağı salatası

Talimatlar:

a)   Bir sürahide yumurtaları, otları, tuzu ve karabiberi çırpın. Yapışmaz kızartma tavasını ısıtın, yağı ekleyin ve ardından yumurtaları dökün ve bir dakika kadar veya üstteki yumurta sertleşene kadar pişirin.

b)   Ters çevirin ve tabanı altın rengi oluncaya kadar bir dakika daha pişirin. Soğutmak için bir tahtaya aktarın.

c)   Yoğurdu limon kabuğu rendesi ve suyu ve bol miktarda karabiberle karıştırın. Füme somonu yumurta sarısının üzerine dağıtın, üzerine yaprakları ekleyin ve yoğurt karışımının üzerine gezdirin.

d)   Yumurta sarısını yuvarlayın ve servis yapmak için kağıda sarın.

12. Kremalı Patates Somon Lokmaları

Porsiyon: 10 porsiyon

İçindekiler:
- 20 adet küçük kırmızı patates
- 200 gram füme somon, küçük parçalar halinde doğranmış
- 1 su bardağı ekşi krema
- 1 orta boy beyaz soğan, ince kıyılmış
- Tatmak için biber ve tuz
- Taze dereotu yaprakları ince doğranmış

Talimatlar:
a)   Büyük bir tencerede suyu kaynatın, ardından tencereye 2 yemek kaşığı tuz ekleyin. Patatesleri tencereye koyun ve 8-10 dakika veya patatesler pişene kadar pişirin.

b)   Patatesleri hemen tencereden çıkarın ve bir kaseye koyun. Pişirme işlemini durdurmak için üzerlerine soğuk su dökün. İyice süzün ve bir kenara koyun.

c)   Orta boy bir kapta geri kalan malzemeleri birleştirin. Buzdolabında 5-10 dakika kadar soğutun.

d)   Bebek patatesleri ikiye bölün ve orta kısımlarından bir kısmını kazıyın. Kepçelenmiş patates etini soğutulmuş kremalı karışıma dökün. Malzemelerin geri kalanıyla iyice birleştirin.

e)   Patatesleri bir çay kaşığı veya sıkma torbası kullanarak kremalı karışımla süsleyin.

f)   Servis yapmadan önce üzerine daha ince kıyılmış dereotu yaprakları serpin.

13. Füme Somon Dip

Porsiyon: 4 porsiyon

İçindekiler:
- 1 bardak füme somon, doğranmış
- 1 su bardağı krem peynir, oda sıcaklığında
- ½ bardak ekşi krema, yağı azaltılmış çeşitler
- 1 yemek kaşığı taze sıkılmış limon suyu
- 1 yemek kaşığı frenk soğanı veya dereotu, doğranmış
- ½ çay kaşığı acı sos
- Tatmak için biber ve tuz
- Servis için Fransız baget dilimleri veya buğday ince krakerleri

Talimatlar:
a) Bir mutfak robotuna veya elektrikli karıştırıcıya krem peyniri, ekşi kremayı, limon suyunu ve acı sosu dökün. Karışımı pürüzsüz olana kadar çırpın.

b) Karışımı bir kaba aktarın. Kıyılmış füme somonu ve doğranmış frenk soğanını ekleyip iyice karıştırın.

c) Karışımı bir saat buzdolabında bekletin, ardından daha fazla doğranmış frenk soğanı ile süsleyin. Soğutulmuş somon ezmesini baget dilimleri veya ince krakerlerle servis edin.

14. Atıştırmalık dumanlı somonlu kanepeler

Verim: 1 porsiyon

Bileşen

- 6 ons Kremalı peynir (yumuşatılmış)
- 25 Kanepe tabanı maydanoz
- 2 çay kaşığı Hazır hardal
- 4 ons Füme somon

Talimatlar:

a) Krem peynir ve hardalı karıştırın; Karışımın bir kısmını kanepe tabanlarına ince bir şekilde yayın.

b) Her kanepenin üzerine somon parçasını yerleştirin, üzerine kalan karışımdan bir nokta koyun veya istenirse tüm krem peynir karışımını tabanın etrafına sıkın.

c) Her birine bir tutam maydanoz serpin.

15. Fırında somon kroket

Verim: 6 Porsiyon

Bileşen

- 2 yemek kaşığı Tereyağı; yumuşatılmış
- 1½ pound Taze somon; pişmiş
- 2 su bardağı taze ekmek kırıntısı
- 1 yemek kaşığı Yeşil soğan
- 1 yemek kaşığı Taze dereotu; kırpılmış
- ½ Limon; rendelenmiş lezzet
- 1 yumurta
- 1 bardak Ağır krema
- ½ çay kaşığı Tuz
- ½ bardak Ekşi krema
- Havyar
- limon dilimleri

Talimatlar:

a) Pul pul dökülmüş somonu bir kaseye koyun.

b) ¾ bardak ekmek kırıntısını, yeşil soğanı, dereotu, limon kabuğu rendesini, yumurtayı ve kremayı ekleyin. Bir çatalla yavaşça karıştırın. Tuz, karabiber ve acı biberle tatlandırın. Kalan yemek kaşığı tereyağını noktalayın.

c) Fincanları kızartma tavasına dizin. Ramekinlerin yarısına gelecek kadar sıcak su dökün. Oldukça sertleşene ve yaklaşık 30 dakika sertleşene kadar pişirin.

d) 5 ila 10 dakika kadar soğutun.

e) Kroketler kalıptan çıkarılmış, sağ tarafı yukarı bakacak şekilde veya ramekinlerde servis edilebilir. Her kroketin üzerine ekşi krema ve havyar ekleyin veya limonla süsleyin.

16. Fırında somon paketleri

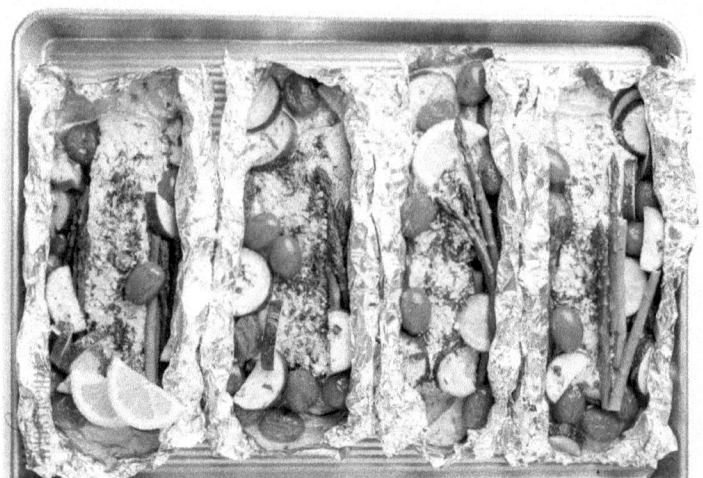

Verim: 4 Porsiyon

Bileşen

- 4 Somon filetosu
- 4 çay kaşığı Tereyağı
- 8 kekik dalı, taze
- 8 maydanoz dalı, taze
- 4 diş sarımsak, kıyılmış
- 4 yemek kaşığı Beyaz şarap, kuru
- $\frac{1}{2}$ çay kaşığı Tuz
- $\frac{1}{2}$ çay kaşığı karabiber, öğütülmüş

Talimatlar:

a) Fırını 400 dereceye kadar önceden ısıtın. 4 büyük folyo parçasını parlak tarafı aşağı bakacak şekilde çalışma yüzeyine yerleştirin. İçine sebze pişirme spreyi sıkın. Her folyo parçasına bir balık filetosu yerleştirin. Kekik, maydanoz, sarımsak, tuz, karabiber ve şarabı balıkların arasına eşit şekilde paylaştırın.

b) Her filetoya bir çay kaşığı tereyağı sürün ve ardından güvenli bir şekilde katlayıp kenarlarını kapatın. Paketleri fırın tepsisine yerleştirin ve 10-12 dakika pişirin. Paketleri tabaklara yerleştirin ve dikkatlice açın.

17. Siyah fasulye ve somon meze

Bileşen

- 8 Mısır ekmeği;
- 16 ons Siyah mısır fasulyesi;
- 7 ons pembe somon
- 2 yemek kaşığı Aspir yağı
- $\frac{1}{4}$ bardak Taze limon suyu
- $\frac{1}{4}$ bardak Taze maydanoz; doğranmış
- $\frac{1}{2}$ çay kaşığı Soğan tozu
- $\frac{1}{2}$ çay kaşığı Kereviz tuzu
- $\frac{3}{4}$ çay kaşığı öğütülmüş kimyon
- $\frac{3}{4}$ çay kaşığı Sarımsak; kıyılmış
- $\frac{1}{2}$ çay kaşığı Limon kabuğu rendesi; rendelenmiş
- $\frac{1}{4}$ çay kaşığı kırmızı biber gevreği; kurutulmuş
- $\frac{1}{4}$ çay kaşığı pul biber;

Talimatlar:

a) Fırını 350 dereceye kadar önceden ısıtın. Tortillaları üçgen şeklinde kesin ve fırında gevrekleşinceye kadar yaklaşık 5 dakika kızartın.

b) Fasulyeleri ve somonu birleştirin, somonu bir çatalla pul pul dökün.

c) Kalan malzemeleri karıştırın; tatları karıştırmak için soğutun. Tortilla cipsi ile servis yapın

18. Somon ruloları

Verim: 6 porsiyon

Bileşen

- 6 Füme somon; ince dilimlenmiş
- 1 Hazır ekmek hamuru
- 1 yumurta; dövülmüş
- Yeşil soğan; ince doğranmış
- Taze çekilmiş biber

Talimatlar:

a) Çözüldükten sonra hazırlanan hamuru 9 inçlik bir daireye açın.

b) Üstünü somon şeritleriyle kaplayın ve baharat ekleyin.

c) Daireyi kama şeklinde parçalar halinde kesin ve her birini dış kenardan başlayarak sıkıca yuvarlayın. Ruloyu çırpılmış yumurtayla yağlayın ve 425 derecede yaklaşık 15 dakika pişirin.

d) Meze olarak veya öğle yemeğinin yanında sıcak olarak servis yapın.

19. Sihirli fırında somon

1 porsiyon yapar

İçindekiler

- 1 somon fileto
- 2 çay kaşığı Somon Büyüsü
- Tuzsuz tereyağı, eritilmiş

Talimatlar

a) Fırını 450 F'ye ısıtın.

b) Somon filetonun üstünü ve yanlarını eritilmiş tereyağıyla hafifçe fırçalayın. Küçük bir fırın tepsisini eritilmiş tereyağıyla hafifçe fırçalayın.

c) Somon filetosunun üstünü ve yanlarını Somon Büyüsü ile baharatlayın. Fileto kalınsa biraz daha Somon Büyüsü kullanın. Baharatı yavaşça bastırın.

d) Filetoyu fırın tepsisine yerleştirin ve üst kısmı altın rengi kahverengi olana ve fileto tamamen pişene kadar pişirin. Nemli, pembe somon elde etmek için fazla pişirmeyin. Derhal servis yapın.

e) Pişirme süresi: 4 ila 6 dakika.

20. Narlı ve Kinoalı Somon

Porsiyon:4 porsiyon

İçindekiler

- 4 somon filetosu, derisiz
- $\frac{3}{4}$ bardak nar suyu, şekersiz (veya az şekerli çeşit)
- $\frac{1}{4}$ bardak portakal suyu, şekersiz
- 2 yemek kaşığı portakal marmelatı/reçeli
- 2 yemek kaşığı sarımsak, kıyılmış
- Tatmak için biber ve tuz
- 1 su bardağı kinoa, pakete göre pişirilmiş
- Birkaç dal kişniş

Talimatlar:

a)   Orta boy bir kapta nar suyu, portakal suyu, portakal marmelatı ve sarımsağı birleştirin. Tuz ve karabiberle tatlandırıp tadını tercihinize göre ayarlayın.

b)   Fırını 400F'ye önceden ısıtın. Fırın tepsisini yumuşatılmış tereyağıyla yağlayın. Somonu, filetolar arasında 1 inç boşluk bırakarak fırın tepsisine yerleştirin.

c)   Somonu 8-10 dakika pişirin. Daha sonra tavayı dikkatlice fırından çıkarın ve nar karışımını dökün. Somonun üst kısmının karışımla eşit şekilde kaplandığından emin olun. Somonu tekrar fırına verin ve 5 dakika daha veya tamamen pişene ve nar karışımı altın rengi bir sır haline gelinceye kadar pişirin.

d)   Somon pişerken kinoayı hazırlayın. 2 bardak suyu orta ateşte kaynatıp kinoayı ekleyin. 5-8 dakika veya suyu çekilene kadar pişirin. Ateşi söndürün, kinoayı bir çatalla kabartın ve kapağını tekrar açın. Kalan sıcaklığın kinoayı 5 dakika daha pişirmesine izin verin.

e)   Nar soslu somonu servis tabağına aktarın ve üzerine biraz taze doğranmış kişniş serpin. Somonu kinoa ile servis edin.

21. Fırında Somon ve Tatlı Patates

Porsiyon:4 porsiyon

İçindekiler
- 4 somon filetosu, derisi alınmış
- 4 orta boy tatlı patates, soyulmuş ve 1 inç kalınlığında kesilmiş
- 1 su bardağı brokoli çiçeği
- 4 yemek kaşığı saf bal (veya akçaağaç şurubu)
- 2 yemek kaşığı portakal marmelatı/reçeli
- 1 1 inçlik taze zencefil topuzu, rendelenmiş
- 1 çay kaşığı Dijon hardalı
- 1 yemek kaşığı susam, kızartılmış
- 2 yemek kaşığı tuzsuz tereyağı, eritilmiş
- 2 çay kaşığı susam yağı
- Tatmak için biber ve tuz
- Taze soğan/yeşil soğan, taze doğranmış

Talimatlar:
a)   Fırını önceden 400F'ye ısıtın. Fırın tepsisini eritilmiş tuzsuz tereyağı ile yağlayın.

b)   Dilimlenmiş tatlı patatesleri ve brokoli çiçeklerini tavaya yerleştirin. Tuz, karabiber ve bir çay kaşığı susam yağıyla hafifçe tatlandırın. Sebzelerin hafifçe susam yağıyla kaplandığından emin olun.

c)   Patatesleri ve brokoliyi 10-12 dakika pişirin.

d)   Sebzeler hâlâ fırındayken tatlı sırını hazırlayın. Bir karıştırma kabına bal (veya akçaağaç şurubu), portakal reçeli, rendelenmiş zencefil, susam yağı ve hardalı ekleyin.

e)   Fırın tepsisini dikkatlice fırından çıkarın ve balıklara yer açmak için sebzeleri yan tarafa yayın.

f)   Somonu hafifçe tuz ve karabiberle tatlandırın.

g)   Somon filetolarını fırın tepsisinin ortasına yerleştirin ve tatlı sosunu somonun ve sebzelerin üzerine döкün.

h)   Tavayı tekrar fırına verin ve 8-10 dakika daha veya somon çatalla yumuşayana kadar pişirin.

i)   Somonu, tatlı patatesi ve brokoliyi güzel bir servis tabağına aktarın. Susam ve taze soğanla süsleyin.

22. Siyah Fasulye Soslu Fırında Somon

Porsiyon:4 porsiyon

İçindekiler

- 4 somon filetosu, derileri ve kılçıkları çıkarılmış
- 3 yemek kaşığı siyah fasulye sosu veya siyah fasulye sarımsak sosu
- ½ bardak tavuk suyu (veya daha sağlıklı bir alternatif olarak sebze suyu)
- 3 yemek kaşığı sarımsak, kıyılmış
- 1 1 inçlik taze zencefil topuzu, rendelenmiş
- 2 yemek kaşığı şeri veya sake (veya herhangi bir yemeklik şarap)
- 1 yemek kaşığı taze sıkılmış limon suyu
- 1 Yemek kaşığı balık sosu
- 2 Yemek kaşığı esmer şeker
- ½ çay kaşığı kırmızı pul biber
- Taze kişniş yaprakları, ince doğranmış
- Garnitür olarak taze soğan

Talimatlar:

a)   Büyük bir fırın tepsisini yağlayın veya aynısını parşömen kağıdıyla hizalayın. Fırını 350F'ye önceden ısıtın.

b)   Tavuk suyunu ve siyah fasulye sosunu orta boy bir kapta birleştirin. Kıyılmış sarımsak, rendelenmiş zencefil, şeri, limon suyu, balık sosu, esmer şeker ve pul biberi ekleyin. Kahverengi şeker tamamen eriyene kadar iyice karıştırın.

c)   Siyah fasulye sosunu somon filetolarının üzerine dökün ve en az 15 dakika boyunca somonun siyah fasulye karışımını tamamen emmesini sağlayın.

d)   Somonu pişirme kabına aktarın. 15-20 dakika pişirin. Somonun fırında çok kuru olmadığından emin olun.

e)   Kıyılmış kişniş ve taze soğan ile servis yapın.

23. Ispanaklı Kırmızı Biber Izgara Somon

Porsiyon:6 porsiyon

İçindekiler
- 6 pembe somon filetosu, 1 inç kalınlığında
- ¼ su bardağı taze sıkılmış portakal suyu
- 3 çay kaşığı kurutulmuş kekik
- 3 yemek kaşığı sızma zeytinyağı
- 3 çay kaşığı tatlı toz biber
- 1 çay kaşığı tarçın tozu
- 1 Yemek kaşığı esmer şeker
- 3 su bardağı ıspanak yaprağı
- Tatmak için biber ve tuz

Talimatlar:
a)   Somon filetolarının her iki tarafına hafifçe zeytin sürün, ardından kırmızı biber tozu, tuz ve karabiberle tatlandırın. Oda sıcaklığında 30 dakika bekletin. Somonun kırmızı biber ovmasını emmesine izin vermek.

b)   Küçük bir kapta portakal suyunu, kurutulmuş kekiği, tarçın tozunu ve esmer şekeri karıştırın.

c)   Fırını önceden 400F'ye ısıtın. Somonu folyo kaplı bir fırın tepsisine aktarın. Marine edilmiş somonu dökün. Somonu 15-20 dakika pişirin.

d)   Büyük bir tavaya bir çay kaşığı sızma zeytinyağı ekleyin ve ıspanakları birkaç dakika veya solana kadar pişirin.

e)   Pişen somonu, yanında ıspanakla birlikte servis edin.

24. Sebzeli Somon Teriyaki

Porsiyon:4 porsiyon

İçindekiler
- 4 somon filetosu, derileri ve kılçıkları çıkarılmış
- 1 büyük tatlı patates (veya sadece patates), ısırık büyüklüğünde parçalar halinde kesilmiş
- 1 büyük havuç, ısırık büyüklüğünde parçalar halinde kesilmiş
- 1 büyük beyaz soğan, dilimler halinde kesilmiş
- 3 büyük biber (yeşil, kırmızı ve sarı), doğranmış
- 2 su bardağı brokoli çiçeği (kuşkonmazla değiştirilebilir)
- 2 Yemek kaşığı sızma zeytinyağı
- Tatmak için biber ve tuz
- Taze soğan, ince doğranmış
- Teriyaki sosu
- 1 bardak su
- 3 Yemek kaşığı soya sosu
- 1 Yemek kaşığı sarımsak, kıyılmış
- 3 Yemek kaşığı esmer şeker
- 2 Yemek kaşığı saf bal
- 2 yemek kaşığı mısır nişastası (3 yemek kaşığı suda eritilmiş)
- ½ Yemek kaşığı kavrulmuş susam

Talimatlar:
a)   Küçük bir tavada soya sosunu, zencefili, sarımsağı, şekeri, balı ve suyu kısık ateşte çırpın. Karışım yavaş yavaş kaynayana kadar sürekli karıştırın. Mısır nişastası suyunu karıştırın ve karışım koyulaşana kadar bekleyin. Susam tohumlarını ekleyin ve bir kenara koyun.

b)   Büyük bir pişirme kabını tuzsuz tereyağı veya pişirme spreyi ile yağlayın. Fırını önceden 400F'ye ısıtın.

c)   Geniş bir kaseye tüm sebzeleri alıp zeytinyağını gezdirin. Sebzeler yağla iyice kaplanana kadar iyice karıştırın. Taze çekilmiş karabiber ve biraz tuzla tatlandırın. Sebzeleri pişirme kabına aktarın. Sebzeleri yanlara dağıtın ve pişirme kabının ortasında biraz boşluk bırakın.

d)   Somonu pişirme kabının ortasına yerleştirin. Teriyaki sosunun 2/3'ünü sebzelere ve somona dökün.

e)   Somonu 15-20 dakika pişirin.

f)   Pişen somonu ve kavrulmuş sebzeleri güzel bir servis tabağına aktarın. Kalan teriyaki sosunu dökün ve doğranmış taze soğanla süsleyin.

25. Erişteli Asya Usulü Somon

Porsiyon:4 porsiyon

İçindekiler

Somon

- 4 somon filetosu, derisi alınmış
- 2 Yemek kaşığı kavrulmuş susam yağı
- 2 Yemek kaşığı saf bal
- 3 yemek kaşığı hafif soya sosu
- 2 Yemek kaşığı beyaz sirke
- 2 yemek kaşığı sarımsak, kıyılmış
- 2 yemek kaşığı taze zencefil, rendelenmiş
- 1 çay kaşığı kavrulmuş susam
- Garnitür için kıyılmış taze soğan

Pirinç eriştesi

- 1 paket Asya pirinç eriştesi

Sos

- 2 yemek kaşığı balık sosu
- 3 yemek kaşığı taze sıkılmış limon suyu
- Pul biber

Talimatlar:

a)   Somon turşusu için susam yağı, soya sosu, sirke, bal, kıyılmış sarımsak ve susam tohumlarını birleştirin. Somonun içine dökün ve balığın 10-15 dakika marine olmasına izin verin.

b)   Somonu zeytinyağıyla hafifçe yağlanmış bir fırın tepsisine yerleştirin. 420F'de 10-15 dakika pişirin.

c)   Somon fırındayken pirinç noodle'larını paketin üzerindeki talimatlara göre pişirin. İyice süzün ve ayrı kaselere aktarın.

d)   Balık sosunu, limon suyunu ve pul biberi karıştırıp pirinç noodle'larına dökün.

e)   Her erişte kasesini taze pişmiş somon filetoyla doldurun. Taze soğan ve susamla süsleyin.

26. Domates Sarımsak Suyunda Haşlanmış Somon

4 kişilik

İçindekiler
- 8 diş sarımsak
- arpacık soğanı
- çay kaşığı sızma zeytinyağı
- 5 adet olgun domates
- 1 1/2 bardak kuru beyaz şarap
- 1 bardak su
- 8 dal kekik 1/4 çay kaşığı deniz tuzu
- 1/4 çay kaşığı taze karabiber
- 4 Copper River Sockeye Somon filetosu beyaz trüf yağı (isteğe bağlı)

Talimatlar
a)   Sarımsakları ve arpacık soğanları soyun ve kabaca doğrayın. Büyük bir kızartma kabına veya kapaklı bir sote tavasına zeytinyağını, sarımsağı ve arpacık soğanı koyun. Orta-düşük ateşte yumuşayana kadar yaklaşık 3 dakika terleyin.

b)   Domatesleri, şarabı, suyu, kekiği, tuzu ve karabiberi tavaya koyun ve kaynatın. Kaynadıktan sonra ateşi kısın ve kapağını kapatın.

c)   Domatesler patlayıp suyunu salana kadar 25 dakika pişirin. Tahta kaşık veya spatula yardımıyla domatesleri ezerek püre haline getirin. Et suyu biraz azalıncaya kadar kapağı açık olarak 5 dakika daha pişirin.

d)   Et suyu hala kaynarken somonu et suyunun içine koyun. Balıklar kolayca pul pul dökülene kadar 5 ila 6 dakika boyunca örtün ve haşlayın. Balıkları bir tabağa koyun ve bir kenara koyun. Geniş bir kaseye süzgeci yerleştirin ve kalan suyu süzgecin içine dökün. Kalan katıları atarak suyu süzün. Et suyunu tadın ve gerekirse tuz ve karabiber ekleyin.

e)   Basit tereyağlı patates püresi ve hatta kavrulmuş patates bu yemeğin iyi bir yanıdır. Daha sonra üzerine sotelenmiş kuşkonmaz ve haşlanmış somonu ekleyin.

f)   Süzülmüş suyu somonun etrafına dökün. İsterseniz bir çiseleyen beyaz trüf yağı ekleyin. Sert.

27. Haşlanmış Somon

İçindekiler

- Küçük somon filetosu, yaklaşık 6 ons

Talimatlar

a) Küçük, 5-6 inçlik bir kızartma tavasına yaklaşık yarım inç su koyun, üzerini örtün, suyu kaynatmak için ısıtın ve ardından filetoyu kapalı olarak dört dakika boyunca içine koyun.

b) Somona veya suya dilediğiniz baharatı ekleyin.

c) Dört dakika ortasını pişmemiş ve çok sulu bırakıyor.

d) Filetoyu biraz soğumaya bırakın ve bir buçuk santim genişliğinde parçalar halinde kesin.

e) Marul (her türlü), iyi domates, güzel olgun avokado, kırmızı soğan, kruton ve herhangi bir lezzetli sos içeren bir salataya ekleyin.

28. Yeşil Otlu Salsa ile Haşlanmış Somon

Porsiyon:4 porsiyon

İçindekiler
- 3 bardak su
- 4 yeşil çay poşeti
- 2 büyük somon filetosu (her biri yaklaşık 350 gram)
- 4 Yemek kaşığı sızma zeytinyağı
- 3 yemek kaşığı taze sıkılmış limon suyu
- 2 yemek kaşığı maydanoz, taze doğranmış
- 2 yemek kaşığı fesleğen, taze doğranmış
- 2 yemek kaşığı kekik, taze doğranmış
- 2 yemek kaşığı Asya frenk soğanı, taze doğranmış
- 2 çay kaşığı kekik yaprağı
- 2 çay kaşığı sarımsak, kıyılmış

Talimatlar:
a)	Büyük bir tencerede suyu kaynatın. Yeşil çay poşetlerini ekleyin ve ocaktan alın.

b)	Çay poşetlerinin 3 dakika demlenmesine izin verin. Çay poşetlerini tencereden çıkarın ve çay demlenmiş suyu kaynatın. Somonu ekleyin ve ısıyı azaltın.

c)	Somon filetolarını orta kısımda opaklaşana kadar haşlayın. Somonu 5-8 dakika veya tamamen pişene kadar pişirin.

d)	Somonu tencereden alıp bir kenara koyun.

e)	Bir blender veya mutfak robotuna tüm taze doğranmış otları, zeytinyağını ve limon suyunu boşaltın. Karışım pürüzsüz bir macun haline gelinceye kadar iyice karıştırın. Macunu tuz ve karabiberle tatlandırın. Gerektiğinde baharatları ayarlayabilirsiniz.

f)	Haşlanmış somonu geniş bir tabakta servis edin ve üzerine taze ot ezmesini ekleyin.

29. Yapışkan pirinç ile haşlanmış somon

Verim: 1 porsiyon

İçindekiler
- 5 su bardağı Zeytinyağı
- 2 baş zencefil; parçalanmış
- 1 baş sarımsak; parçalanmış
- 1 demet Taze soğan; şerit halinde
- 4 Parça somon; (6 ons)
- 2 su bardağı Japon pirinci; buğulanmış
- $\frac{3}{4}$ bardak Mirin
- 2 Yeşil soğan; şerit halinde
- $\frac{1}{2}$ su bardağı Kurutulmuş kiraz
- $\frac{1}{2}$ su bardağı Kurutulmuş yaban mersini
- 1 Sayfa nori; Ufalanmış
- $\frac{1}{2}$ bardak Limon suyu
- $\frac{1}{2}$ bardak Balık suyu
- $\frac{1}{4}$ fincan Buzlu şarap
- $\frac{3}{4}$ bardak Üzüm çekirdeği yağı
- $\frac{1}{2}$ su bardağı havayla kurutulmuş mısır

Talimatlar
a)   Bir tencerede zeytinyağını 160 dereceye getirin. Ezilmiş zencefili, sarımsağı ve yeşil soğanı ekleyin. Karışımı ocaktan alın ve 2 saat demlenmeye bırakın. Gerilmek.

b)   Pirinci buharda pişirin ve ardından mirinle baharatlayın. Soğuduktan sonra kıyılmış soğanları ekleyip karıştırın. Zeytinyağını 160 dereceye getirin. Ezilmiş zencefili, sarımsağı ve yeşil soğanı ekleyin. Meyveleri ve deniz yosununu alın.

c)   Sosu hazırlamak için limon suyunu, balık suyunu ve buzlu şarabı kaynatın. Ateşten alın ve üzüm çekirdeği yağıyla karıştırın. Tuz ve karabiberle tatlandırın.

d)   Balığı haşlamak için haşlama yağını derin bir tencerede yaklaşık 160 dereceye getirin. Somonu tuz ve karabiberle tatlandırın ve balığın tamamını yavaşça yağa batırın. Yaklaşık 5 dakika veya nadir-orta kıvama gelene kadar yavaşça haşlanmaya bırakın.

e)   Balık pişerken pirinç salatasını bir tabağa koyun ve üzerine limon sosu gezdirin. Haşlama işlemi bittiğinde haşlanmış balığı pirinç salatasına koyun.

30. Narenciye Somon Fileto

4 kişiye hizmet veriyor

İçindekiler
- $\frac{3}{4}$ kg Taze somon fileto
- 2 yemek kaşığı Manuka aromalı veya sade bal
- 1 yemek kaşığı taze sıkılmış limon suyu
- 1 yemek kaşığı taze sıkılmış portakal suyu
- $\frac{1}{2}$ yemek kaşığı limon kabuğu rendesi
- $\frac{1}{2}$ yemek kaşığı portakal kabuğu rendesi
- $\frac{1}{2}$ tutam tuz ve karabiber
- $\frac{1}{2}$ dilimlenmiş limon
- $\frac{1}{2}$ Portakal dilimlenmiş
- $\frac{1}{2}$ avuç Taze Kekik ve Mikro Bitkiler

Talimatlar
a)   Yaklaşık 1,5 kg + Derisi açık, kemiği çıkarılmış Taze Regal Somon Fileto kullanın.

b)   Portakal, Misket Limonu, Bal, Tuz, karabiber ve kabuğu ekleyin - iyice birleştirin

c)   Pişirmeden yarım saat önce filetoyu bir pasta fırçası ve sıvı narenciye ile cilalayın.

d)   Portakal ve limonu ince ince dilimleyin

e)   190 derecede 30 dakika pişirin ve kontrol edin, somonu nasıl tercih ettiğinize bağlı olarak 5 dakika daha gerekebilir.

f)   Fırından çıkarın ve üzerine Taze Kekik ve Mikro otlar serpin.

31. Somonlu Lazanya

4 kişiye hizmet veriyor

İçindekiler
- 2/3 kısım Kaçak avlanma için süt
- 2/3 gram Pişmiş lazanya yaprakları
- 2/3 bardak Taze Dereotu
- 2/3 bardak Bezelye
- 2/3 bardak Parmesan
- 2/3 Top Mozarella
- 2/3 Sos
- 2/3 Torba Bebek Ispanak
- 2/3 bardak (lar) Krem
- 2/3 çay kaşığı küçük hindistan cevizi

Talimatlar
a) Öncelikle beşamel ve ıspanak soslarını hazırlayıp somonu haşlayın. Beşamel sos için tereyağını küçük bir tencerede eritin. Unu karıştırın ve sürekli karıştırarak köpürene kadar birkaç dakika pişirin.

b) Sos pürüzsüz hale gelinceye kadar sürekli karıştırarak ılık sütü yavaş yavaş ekleyin. Sos kalınlaşana kadar sürekli karıştırarak hafif bir kaynamaya getirin. Tuz ve karabiberle tatlandırın.

c) Ispanak sosunu hazırlamak için ıspanakları ayıklayıp yıkayın. Yaprakların üzerinde hala su kalmışken ıspanakları büyük bir tencereye koyun, kapağını kapatın ve yapraklar solana kadar yavaşça pişirin.

d) Fazla suyunu boşaltıp sıkın. Ispanağı bir karıştırıcıya veya mutfak robotuna aktarın, kremayı ve hindistan cevizini ekleyin. Birleştirmek için nabız atın ve ardından tuz ve karabiberle tatlandırın.

e) Fırını 180 derece C'ye önceden ısıtın. Büyük bir fırın kabını yağlayın. Somonu pişene kadar sütün içinde yavaşça haşlayın ve ardından büyük parçalara bölün. Sütü atın.

f) Fırın kabının altını 1 su bardağı beşamel sosla ince bir şekilde kaplayın.

g) Lazanya yapraklarını üst üste gelecek şekilde sosun üzerine yayın, ardından bir kat ıspanak sosu üzerine yayın ve somon parçalarının yarısını bunun üzerine eşit şekilde yerleştirin. Biraz kıyılmış dereotu serpin. Bir kat daha lazanya ekleyin, ardından bir kat beşamel sos ekleyin ve kaba bir kaplama için üzerine bezelye serpin.

h) Katmanları tekrar tekrarlayın, yani lazanya, ıspanak ve somon, dereotu, lazanya, beşamel sos ve ardından bezelye. Son kat lazanya ve ardından ince bir kat beşamel sos ile bitirin. Üzerine rendelenmiş parmesan peyniri ve taze mozarella parçalarını ekleyin.

i) Lazanyayı 30 dakika veya sıcak olana kadar pişirin ve

32. Teriyaki Somon Fileto

4 kişiye hizmet veriyor

İçindekiler
- 140 gram 2 x Twin Regal 140g Taze somon porsiyonu
- 1 su bardağı pudra şekeri
- 60 mi soya sosu
- 60 ml mirin baharatı
- 60 ml mirin baharatı
- 1 paket organik udon eriştesi

Talimatlar
a) 4 x 140 g'lık Taze Regal somonu pudra şekeri, soya sosu ve mirin sosu kullanarak marine edin, 3 malzemeyi birlikte iyice karıştırın ve somonun üzerinde 30 dakika bekletin.

b) Suyu kaynatın ve organik udon eriştelerini ekleyin ve 10 dakika hızla kaynamasını bekleyin.

c) Arpacık soğanları ince ince dilimleyip bir kenara bırakın.

d) Somon fileto porsiyonlarını bir kızartma tavasında orta-yüksek ateşte 5 dakika pişirin, ardından bir yandan diğer yana çevirerek fazladan sosu üzerine dökün.

e) Erişteler hazır olduğunda tabağa yayılır, üzerine somon eklenir.

33. Kapari Soslu Çıtır Derili Somon

4 kişiye hizmet veriyor

İçindekiler
- 4 Taze Yeni Zelanda Somon Filetosu 140g porsiyon
- 200 ml Premium zeytinyağı
- 160 ml Beyaz balzamik sirke
- 2 diş ezilmiş sarımsak
- 4 yemek kaşığı doğranmış kapari
- 4 yemek kaşığı kıyılmış maydanoz
- 2 yemek kaşığı kıyılmış dereotu

Talimatlar
a) Somon filetolarını 20 ml zeytinyağıyla kaplayın ve tuz ve karabiberle tatlandırın.

b) Yapışmaz bir tava kullanarak yüksek ateşte, yukarıdan aşağıya ve yanlara doğru çevirerek 5 dakika pişirin.

c) Geri kalan malzemeleri bir kaseye koyun ve çırpın, bu sizin sosunuzdur, somon piştikten sonra sosu fileto üzerine, derisi yukarı bakacak şekilde kaşıklayın.

d) Armut, ceviz, hellim ve roka salatası ile servis yapın

34. Havyarlı Somon Fileto

4 kişiye hizmet veriyor

İçindekiler
- 1 çay kaşığı Tuz
- 1 adet limon dilimleri
- 10 adet soyulmuş arpacık soğan (soğan)
- 2 yemek kaşığı Soya yağı (fırçalamak için ekstra)
- 250 gram ikiye bölünmüş kiraz domates
- 1 Küçük Yeşil Biber ince dilimlenmiş
- 4 yemek kaşığı Limon Suyu
- 3 yemek kaşığı Balık sosu
- 1 yemek kaşığı Şeker
- 1 avuç kişniş dalı
- 1 1/2kg Taze Somon Fileto s/on/out
- 1 Kavanoz Somon Yumurtası (Havyar)
- 3/4 Salatalık Soyulmuş, Uzunlamasına ikiye bölünmüş, çekirdekleri çıkarılmış ve ince dilimlenmiş

Talimatlar
a) Fırını önceden 200 derece C'ye ısıtın, ancak salatalığı seramik bir kapta dilimleyin, tuzla birlikte turşu haline gelmesine izin vererek 30 dakika bekletin.

b) Arpacık soğanlarını küçük bir kızartma kabına koyun, soya yağını ekleyin, iyice karıştırın ve yumuşayıncaya ve iyice kızarıncaya kadar 30 dakika fırında bekletin.

c) Fırından çıkarın ve soğumaya bırakın, bu arada tuzlu salatalığı bol soğuk akan suyun altında iyice yıkayın, ardından avuç avuç sıkıp bir kaseye koyun.

d) Fırın ızgarasını önceden çok sıcak bir şekilde ısıtın, arpacık soğanı yarıya bölün ve salatalığa ekleyin.

e) Domates, kırmızı biber, limon suyu, balık sosu, şeker, kişniş dalları ve susam yağını ekleyip iyice karıştırın.

f) Tadına bakın – gerekirse şeker ve limon suyuyla tatlıyı ayarlayın – bir kenara koyun.

g)   Somonu yağlı pişirme kağıdına yerleştirin, somonun üstünü soya yağıyla fırçalayın, tuz ve karabiberle tatlandırın, 10 dakika veya pişip hafifçe kızarana kadar ızgaranın altına koyun.

h)   Fırından çıkarın, bir tabağa kaydırın, domates ve salatalık karışımını ve kaşık dolusu Somon Yumurtasını serpin.

i)   Misket Limonu Dilimleri ve Pilav ile servis yapın

35. Hamsi ızgaralı somon bifteği

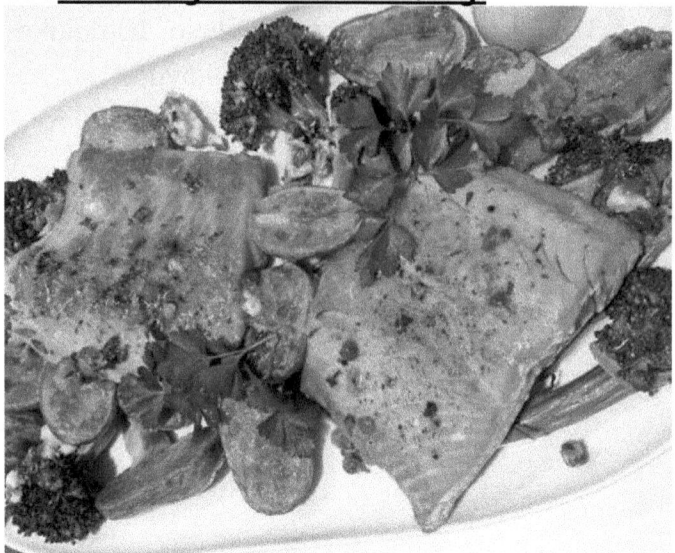

Verim: 4 porsiyon

Bileşen
- 4 Somon bifteği
- Maydonoz dalı
- Limon dilimleri ---hamsi yağı-----
- 6 adet hamsi filetosu
- 2 yemek kaşığı Süt
- 6 yemek kaşığı Tereyağı
- 1 damla Tabasco sosu
- Biber

Talimatlar

a) Izgarayı yüksek ateşte önceden ısıtın. Izgara rafını yağlayın ve eşit bir ısı elde etmek için her bifteği yerleştirin. Her bifteğin üzerine küçük bir parça Hamsi Yağı koyun (karışımın dörtte birini dörde bölün). 4 dakika ızgara yapın.

b) Biftekleri bir balık dilimiyle çevirin ve tereyağının dörtte birini bifteklerin arasına koyun. İkinci tarafta 4 dakika ızgara yapın. Isıyı azaltın ve biftekler ince ise daha az olmak üzere 3 dakika daha pişmesine izin verin.

c) Her bifteğin üzerine özenle düzenlenmiş hamsi yağı ile servis yapın.

d) Maydonoz dalları ve limon dilimleriyle süsleyin.

e) Hamsi Ezmesi: Hamsi filetolarının tamamını süte batırın. Bir kasede tahta kaşıkla krema kıvamına gelinceye kadar ezin. Tüm malzemeleri birbirine krema haline getirin ve soğutun.

f) 4 kişilik.

36. Barbekü dumanında ızgara somon

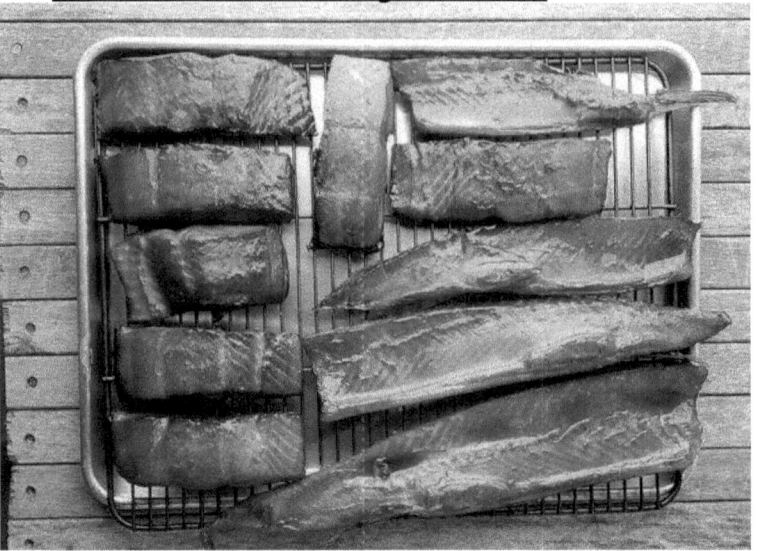

Verim: 4 Porsiyon

Bileşen
- 1 çay kaşığı rendelenmiş limon kabuğu
- ¼ bardak limon suyu
- 1 yemek kaşığı Bitkisel yağ
- 1 çay kaşığı Dijon hardalı
- 1 tutam Biber
- 4 Somon bifteği, 1 inç kalınlığında [1-1/2 lb.]
- ⅓ bardak Kavrulmuş susam

Talimatlar
a)   Sığ tabakta limon kabuğunu ve suyunu, yağı, hardalı ve biberi birleştirin; balığı ekleyin, kaplayın. Örtün ve oda sıcaklığında 30 dakika boyunca ara sıra çevirerek marine edin.

b)   Marine suyunu rezerve edin, balığı çıkarın; susam serpin. Doğrudan orta ateşte yağlanmış ızgaraya yerleştirin. Islatılmış odun talaşlarını ekleyin.

c)   Kapağı kapatın, çevirin ve yarıya kadar marine ile yağlayın, 16-20 dakika veya çatalla test edildiğinde balık kolayca pul pul dökülünceye kadar pişirin.

37. Kömürde ızgara somon ve siyah fasulye

Verim: 4 porsiyon

Bileşen

- ½ pound Siyah Fasulye; batırılmış
- 1 küçük Soğan; doğranmış
- 1 küçük Havuç
- ½ Kereviz Kaburgası
- 2 ons Jambon; doğranmış
- 2 Jalapeno Biber; saplı ve doğranmış
- 1 Diş Sarımsak
- 1 Defne Yaprağı; ile birbirine bağlanmış
- 3 Dal Kekik
- 5 su bardağı Su
- 2 Diş Sarımsak; kıyılmış
- ½ çay kaşığı Acı Biber Gevreği
- ½ Limon; suyu sıkılmış
- 1 Limon; suyu sıkılmış
- ⅓ bardak Zeytinyağı
- 2 yemek kaşığı Taze Fesleğen; doğranmış
- 24 ons Somon Biftek

Talimatlar

a)   Büyük bir tencerede fasulye, soğan, havuç, kereviz, jambon, jalapeno, bütün diş sarımsak, kekikli defne yaprağı ve suyu birleştirin. Fasulyeleri kapalı tutmak için gerektiği kadar daha fazla su ekleyerek, fasulyeler yumuşayana kadar yaklaşık 2 saat pişirin.

b)   Havucu, kereviziyi, otları ve sarımsağı çıkarın ve kalan pişirme sıvısını boşaltın. Fasulyeleri kıyılmış sarımsak, acı pul biber ve ½ limon suyuyla karıştırın. Bir kenara koyun.

c)   Fasulyeler pişerken bütün limonun suyunu, zeytinyağını ve fesleğen yapraklarını birleştirin. Somon bifteğinin üzerine dökün ve 1 saat buzdolabında bekletin. Somonu orta derecede yüksek ateşte her tarafı 4-5 dakika ızgarada pişirin ve her dakika biraz marine sosla tatlandırın. Her bifteği bir porsiyon fasulyeyle servis edin.

38. Havai fişek ızgara Alaska somonu

Verim: 4 Porsiyon

Bileşen

- 4 6 oz. somon biftek
- $\frac{1}{4}$ bardak fıstık yağı
- 2 yemek kaşığı Soya sosu
- 2 yemek kaşığı Balzamik sirke
- 2 yemek kaşığı kıyılmış soğan
- $1\frac{1}{2}$ çay kaşığı Esmer şeker
- 1 diş sarımsak, kıyılmış
- $\frac{3}{4}$ çay kaşığı rendelenmiş taze zencefil kökü
- $\frac{1}{2}$ çay kaşığı kırmızı şili gevreği veya daha fazlası
- Tatmak
- $\frac{1}{2}$ çay kaşığı Susam yağı
- $\frac{1}{8}$ çay kaşığı Tuz

Talimatlar

a) Somon bifteklerini bir cam tabağa yerleştirin. Geri kalan malzemeleri birlikte çırpın ve somonun üzerine dökün.

b) Plastik ambalajla örtün ve buzdolabında 4 ila 6 saat marine edin. Izgarayı ısıtın. Somonu marinattan çıkarın, ızgarayı yağla fırçalayın ve somonu ızgaraya yerleştirin.

c) Orta ateşte, en kalın kısımda ölçülen kalınlık başına 10 dakika boyunca, pişirme işleminin yarısında çevirerek veya bir çatalla test edildiğinde balık pul pul olana kadar ızgara yapın.

39. Flash izgara somon

Verim: 1 porsiyon

Bileşen
- 3 ons Somon
- 1 yemek kaşığı Zeytinyağı
- ½ Limon; suyu
- 1 çay kaşığı Frenk soğanı
- 1 çay kaşığı Maydanoz
- 1 çay kaşığı Taze çekilmiş karabiber
- 1 yemek kaşığı Soya sosu
- 1 yemek kaşığı Akçaağaç şurubu
- 4 Yumurta sarısı
- ¼ pint Balık suyu
- ¼ pint Beyaz şarap
- 125 mililitre Çift krema
- Frenk soğanı
- Maydanoz

Talimatlar

a)   Somonu ince ince dilimleyin ve zeytinyağı, akçaağaç şurubu, soya sosu, biber ve limon suyuyla dolu bir kabın içinde 10-20 dakika bekletin.

b)   Sabayon: Yumurtaları benmari usulü çırpın. Beyaz şarabı ve balık suyunu bir tavada azaltın. Karışımı yumurta beyazlarına ekleyip çırpın. Çırpmaya devam ederek kremayı ekleyin.

c)   İnce somon dilimlerini servis tabağına alın ve üzerine biraz sabayon gezdirin. Izgaranın altına yalnızca 2-3 dakika yerleştirin.

d)   Hemen çıkarıp üzerine frenk soğanı ve maydanoz serperek servis yapın.

40. Izgara somon ve kalamar mürekkebi makarna

Verim: 1 porsiyon

Bileşen
- 4 200 gr; (7-8oz) parça somon fileto
- Tuz ve biber
- 20 mililitre Bitkisel yağ; (3/4oz)
- Kızartmak için zeytinyağı
- 3 diş ince kıyılmış sarımsak
- 3 adet ince doğranmış domates
- 1 İnce kıyılmış taze soğan
- Baharat
- 1 Brokoli

Talimatlar

a) Makarna: İyi bir balıkçıdan kalamar mürekkebi poşetleri satın alabilir veya en sevdiğiniz makarnayı kullanabilirsiniz.

b) Fırını 240°C/475°F/gaz işareti 9'a kadar önceden ısıtın.

c) Somon fileto parçalarını tuz ve karabiberle tatlandırın. Yapışmaz bir kızartma tavasını ısıtın, ardından yağ ekleyin. Somonu tavaya koyun ve her iki tarafını da 30 saniye boyunca kızartın.

d) Balıkları bir fırın tepsisine aktarın, ardından balık pul pul dökülene, ancak ortası hala biraz pembe olana kadar 6-8 dakika kızartın. 2 dakika dinlenmeye bırakın.

e) Balıkları sıcak tabaklara aktarın ve sosun üzerine kaşıkla dökün.

f) Brokoliyi makarnayla birlikte yaklaşık 5 dakika pişirin.

g) Tavaya biraz yağ dökün, sarımsak, domates ve taze soğanı ekleyin. Kısık ateşte 5 dakika kavurun, son anda brokoliyi ekleyin.

41.Izgara soğanlı somon

8 ila 10 porsiyon yapar

İçindekiler
- 2 bardak suya batırılmış sert ağaç yongaları
- 1 büyük yan çiftlik Norveç somonu (yaklaşık 3 pound), kılçıkları çıkarılmış
- 3 bardak Sigara İçilen Salamura, votka ile yapılmış
- $\frac{3}{4}$ fincan Sigara Ovması
- 1 yemek kaşığı kurutulmuş dereotu otu
- 1 çay kaşığı soğan tozu
- 2 büyük kırmızı soğan, 2,5 cm kalınlığında halkalar halinde kesilmiş
- $\frac{3}{4}$ su bardağı sızma zeytinyağı 1 demet taze dereotu
- 1 limonun ince rendelenmiş kabuğu 1 diş sarımsak, kıyılmış
- İri tuz ve öğütülmüş karabiber

Talimatlar
a) Somonu jumbo (2 galonluk) fermuarlı bir torbaya koyun. Yalnızca 1 galonluk torbalarınız varsa balığı ikiye bölün ve iki torba kullanın. Tuzlu suyu torbaya/torbalara ekleyin, havayı bastırın ve kapatın. 3 ila 4 saat buzdolabında saklayın.

b) 1 çorba kaşığı hariç tüm ovmayı kurutulmuş dereotu ve soğan tozuyla karıştırın ve bir kenara koyun. Soğan dilimlerini buzlu suda bekletin. Dolaylı düşük ısı için ızgarayı dumanla yaklaşık 225°F ısıtın. Talaşları boşaltın ve ızgaraya ekleyin.

c) Somonu salamuradan çıkarın ve kağıt havluyla kurulayın. Salamurayı atın. Balıkları 1 yemek kaşığı yağla kaplayın ve etli tarafına, içinde kurutulmuş dereotu bulunan ovma serpin.

d) Soğanları buzlu sudan çıkarın ve kurulayın. 1 yemek kaşığı yağ ile kaplayın ve kalan 1 yemek kaşığı ovmayı serpin. Balıkları ve soğanları 15 dakika dinlenmeye bırakın.

e) Izgara ızgarasını fırçalayın ve yağla iyice ovalayın. Somonu, eti aşağı bakacak şekilde doğrudan ateşin üzerine yerleştirin ve yüzeyi altın kahverengi olana kadar 5 dakika ızgara yapın. Büyük bir balık spatulası veya iki normal spatula kullanarak, balığın derisini aşağıya doğru çevirin ve ateşten uzakta ızgara ızgarasının üzerine yerleştirin. Soğan dilimlerini doğrudan ateşin üzerine koyun.

f) Izgarayı kapatın ve somonun dışı sertleşene, ancak kuru olmayan ve ortası esnek olana kadar yaklaşık 25 dakika pişirin. İşlem tamamlandığında, balığa hafifçe basıldığında nem yüzeyden damlacık gibi akacaktır. Basınç altında tamamen pul pul dökülmemelidir.

g) Pişirme süresi boyunca soğanları bir kez çevirin.

42. Sedir tahta somonu

Servis 6

İçindekiler
- 1 işlenmemiş sedir tahtası (yaklaşık 14" x 17" x 1/2")
- 1/2 bardak İtalyan sosu
- 1/4 su bardağı doğranmış güneşte kurutulmuş domates
- 1/4 su bardağı doğranmış taze fesleğen
- 1 (2 pound) somon filetosu (1 inç kalınlığında), derisi alınmış

Talimatlar
a) Sedir tahtasını tamamen suya batırın ve tamamen kapalı kalması için üstüne bir ağırlık koyun. En az 1 saat bekletin.

b) Izgarayı orta-yüksek ısıya kadar önceden ısıtın.

c) Küçük bir kapta sosu, güneşte kurutulmuş domatesleri ve fesleğenleri birleştirin; bir kenara koyun.

d) Tahtayı sudan çıkarın. Somonu tahtaya yerleştirin; ızgaraya yerleştirin ve kapağını kapatın. 10 dakika ızgara yapın, ardından somonu sos karışımıyla fırçalayın. Kapağı kapatın ve 10 dakika daha veya somon balığı çatalla kolayca parçalanıncaya kadar ızgara yapın.

43. Füme sarımsaklı somon

4 kişilik

İçindekiler
- 1 1/2 lb. somon fileto
- tatlandırmak için tuz ve karabiber 3 diş sarımsak, kıyılmış
- 1 dal taze dereotu, doğranmış 5 dilim limon
- 5 dal taze dereotu otu
- 2 yeşil soğan, doğranmış

Talimatlar
a) Sigara içen kişiyi 250° F'ye hazırlayın.

b) İki büyük alüminyum folyo parçasını pişirme spreyi ile püskürtün.

c) Somon filetoyu bir parça folyonun üzerine yerleştirin. Somonu tuz, karabiber, sarımsak ve doğranmış dereotu serpin. Limon dilimlerini filetoların üzerine yerleştirin ve her limon diliminin üzerine bir dal dereotu koyun. Filetoyu yeşil soğanla serpin.

d) Yaklaşık 45 dakika boyunca sigara iç.

44. Taze Şeftali Izgara Somon

Porsiyon:6 porsiyon

İçindekiler
- 6 somon filetosu, 1 inç kalınlığında
- 1 büyük kutu dilimlenmiş şeftali, hafif şurup çeşidi
- 2 Yemek kaşığı beyaz şeker
- 2 Yemek kaşığı hafif soya sosu
- 2 yemek kaşığı Dijon hardalı
- 2 Yemek kaşığı tuzsuz tereyağı
- 1 1 inçlik taze zencefil topuzu, rendelenmiş
- 1 yemek kaşığı zeytinyağı, sızma çeşidi
- Tatmak için biber ve tuz
- Taze doğranmış kişniş

Talimatlar:
a) Dilimlenmiş şeftalileri boşaltın ve yaklaşık 2 yemek kaşığı hafif şurup ayırın. Şeftalileri ısırık büyüklüğünde parçalar halinde kesin.

b) Somon filetolarını geniş bir fırın tepsisine yerleştirin.

c) Orta boy bir tencereye ayrılmış şeftali şurubunu, beyaz şekeri, soya sosunu, Dijon hardalını, tereyağını, zeytinyağını ve zencefili ekleyin. Karışım biraz koyulaşana kadar kısık ateşte karıştırmaya devam edin. Damak tadınıza göre tuz ve karabiber ekleyin.

d) Isıyı kapatın ve karışımın bir kısmını bir fırça kullanarak somon filetoların üzerine cömertçe yayın.

e) Dilimlenmiş şeftalileri tencereye ekleyin ve sırla iyice kaplayın. Sırlanmış şeftalileri somonun üzerine dökün ve eşit şekilde dağıtın.

f) Somonu 420F'de yaklaşık 10-15 dakika pişirin. Yemeğin yanmaması için somona dikkat edin.

g) Servis yapmadan önce biraz taze doğranmış kişniş serpin.

45. Zencefilli ızgara somon salatası

Verim: 4 Porsiyon

İçindekiler
- ¼ bardak yağsız sade yoğurt
- 2 yemek kaşığı ince kıyılmış taze zencefil
- 2 diş sarımsak, ince doğranmış
- 2 yemek kaşığı Taze limon suyu
- 1 yemek kaşığı Taze rendelenmiş limon kabuğu rendesi
- 1 yemek kaşığı Bal
- 1 yemek kaşığı Kanola yağı
- ½ çay kaşığı Tuz
- ½ çay kaşığı Taze çekilmiş karabiber
- 1¼ pound Somon fileto, 1 inç kalınlığında, 4 parçaya kesilmiş, derisi açık, kılçıkları çıkarılmış
- Su Teresi ve Turşu Zencefil Salatası
- Garnitür için limon dilimleri

Talimatlar:

a) Küçük bir kapta yoğurt, zencefil, sarımsak, limon suyu, limon kabuğu rendesi, bal, yağ, tuz ve karabiberi birlikte çırpın.

b) Somonu sığ bir cam tabağa koyun ve üzerine marineyi dökün, somonun her tarafını kaplayacak şekilde çevirin. Kapağı kapatın ve buzdolabında 20 ila 30 dakika boyunca bir veya iki kez çevirerek marine edin.

c) Bu arada, bir kömür ateşi hazırlayın veya gazlı ızgarayı önceden ısıtın. (Izgara tavası kullanmayın; somon balığı yapışacaktır.) 3. Uzun saplı bir barbekü fırçası kullanarak ızgara rafını yağla kaplayın.

d) Somonu derisi yukarı bakacak şekilde ızgaraya yerleştirin. 5 dakika pişirin. 2 metal spatula kullanarak somon parçalarını dikkatlice çevirin ve ortası opaklaşana kadar 4 ila 6 dakika daha pişirin. 2 spatula kullanarak somonu ızgaradan çıkarın. Deriyi kaydırın.

e) Su teresi salatasını sosla karıştırın ve 4 tabağa bölün. Üstüne bir parça ızgara somon ekleyin. Kireç dilimleriyle süsleyin. Derhal servis yapın.

46. Rezene salatası ile ızgara somon

Verim: 2 porsiyon

Bileşen

- 2 140 gr somon fileto
- 1 Ampul rezene; ince dilimlenmiş
- ½ Armut; ince dilimlenmiş
- Birkaç parça ceviz
- 1 tutam Ezilmiş kakule tohumu
- 1 Portakal; bölümlenmiş, meyve suyu
- 1 demet Kişniş; doğranmış
- 50 gram Hafif Frais
- 1 tutam toz tarçın
- Pul pul kaya tuzu ve öğütülmüş karabiber

Talimatlar:

a) Somonu tuz ve karabiberle tatlandırıp ızgara altında kızartın.

b) Armutu rezeneyle karıştırıp bol karabiber, kakule ve cevizle tatlandırın.

c) Portakal suyunu ve lezzetini frais ile karıştırın ve biraz tarçın ekleyin. Tabağın ortasına bir yığın rezene koyun ve üstüne somonu dizin. Tabağın dışını turuncu dilimlerle süsleyin ve üzerine turuncu frais serpin.

d) Rezene alkolün vücuttaki toksin etkisini azaltır ve sindirimi kolaylaştırır.

47. Patates ve su teresi ile ızgara somon

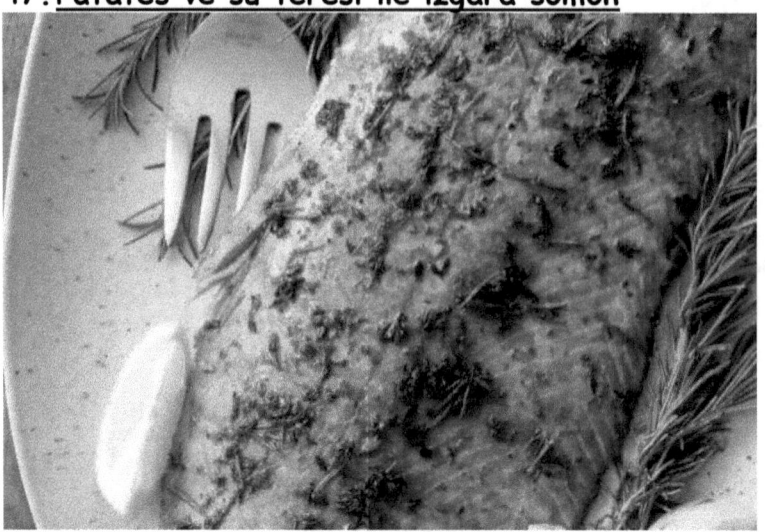

Verim: 6 Porsiyon

Bileşen

- 3 pound Küçük kırmızı ince derili
- Patates
- 1 su bardağı ince dilimlenmiş kırmızı soğan
- 1 su bardağı Baharatlı pirinç sirkesi
- Yaklaşık 1/2 kiloluk su teresi
- Durulanmış ve çıtır
- 1 Somon filetosu, yaklaşık 2 lbs.
- 1 yemek kaşığı Soya sosu
- 1 yemek kaşığı Sıkıca paketlenmiş kahverengi şeker
- 2 bardak Kızılağaç veya mesquite talaşı
- Suya batırılmış
- Tuz

Talimatlar:

a) 5 ila 6 litrelik bir tavada, yaklaşık 2 litre suyu yüksek ateşte kaynatın; patates ekleyin. Kapağını kapatın ve patatesler delindiğinde yumuşayana kadar kısık ateşte 15 ila 20 dakika pişirin. Boşaltın ve soğutun.

b) Soğanları örtecek kadar soğuk suda yaklaşık 15 dakika bekletin. Soğanları süzüp pirinç sirkesiyle karıştırın. Patatesleri dörde bölün; soğanlara ekleyin.

c) Saplarından yumuşak su teresi dallarını kesin, ardından $\frac{1}{2}$ fincan elde edecek kadar sapları ince ince doğrayın (ekstraları atın veya başka kullanımlar için saklayın). Kıyılmış sapları büyük oval bir tabakta patates salatasıyla karıştırın; üzerini örtün ve serin tutun. Somonu durulayın ve kurulayın. Ağır bir folyo parçasının üzerine deri tarafı aşağı bakacak şekilde yerleştirin. Balıkların ana hatlarını takip edecek şekilde folyoyu kesin ve 1 inçlik bir kenarlık bırakın.

d) Folyonun kenarlarını balığın kenarına uyacak şekilde kıvırın. Soya sosunu esmer şekerle karıştırın ve somon fileto üzerine fırçalayın.

e) Balıkları kömürlerin veya ateşin üzerine değil, ızgaranın ortasına koyun. Barbeküyü kapatın (kömür için havalandırma deliklerini açın) ve balığın en kalın kısmı neredeyse opaklaşana kadar (test için kesilmiş), 15 ila 20 dakika pişirin. Balıkları salatayla birlikte tabağa aktarın. Tadına tuz ekleyin. Sıcak veya soğuk servis yapın.

48. Somon vina olki

Verim: 1 Porsiyon

Bileşen

- 2 bardak Sirke
- 4 bardak Su
- 2 çay kaşığı Tarçın
- 4 çay kaşığı öğütülmüş kimyon tohumu
- 6 büyük diş sarımsak, ezilmiş
- Tatmak için biber ve tuz
- Somon

Talimatlar:

a) Tüm malzemeleri büyük bir su ısıtıcısında karıştırın ve iyice karıştırın.

b) Somon dilimlerini ekleyin ve iyice karıştırın, böylece her dilim baharatları ve sarımsağı emecektir.

c) Somon yumuşak olmaya eğilimli olduğundan, gece boyunca salamurada bırakın, ancak 24 saati geçmeyin.

d) Salamuradan çıkarın, kraker kırıntılarına veya unlara bulayın ve kızgın yağda kızartın.

49. Somon ve Boletus Kebapları

İçindekiler:

- $\frac{1}{4}$ bardak zeytinyağı
- $\frac{1}{4}$ bardak maydanoz, ince doğranmış
- $\frac{1}{4}$ bardak taze kekik, sapları alınmış, ince doğranmış
- 2 yemek kaşığı limon suyu
- 2 yemek kaşığı iri öğütülmüş karabiber
- 1 çay kaşığı tuz
- $1\frac{1}{2}$ pound somon filetosu, 24 küp halinde kesilmiş
- 1 ila $1\frac{1}{2}$ pound mantar
- 8 adet tahta şiş
- limon dilimleri

Talimatlar:

m) Geniş bir kapta yağı, maydanozu, kekiği, limon suyunu, tuzu ve karabiberi karıştırın.

n) Somon parçalarını ekleyin, iyice karıştırın, üzerini örtün ve 1 saat buzdolabında bekletin.

o) Bir ızgarayı önceden ısıtın.

p) Karışımı buzdolabından çıkarın, mantar parçalarını ekleyin ve mantarları marine ile kaplayacak şekilde fırlatın. Bir kevgir içinde boşaltın.

q) Her biri üç parça balık ve üç parça mantarla kaplanmış sekiz kebap yapmak için şişlerde somon ve mantarları dönüşümlü olarak kullanın.

r) Islatılmış şişleri yağlanmış ızgaraya koyun ve 4 dakika pişirin. Döndürün ve 4 dakika daha uzun süre veya filetolar hafifçe yumuşayana kadar pişirin.

50. Izgara Yabani Kral Somon

İçindekiler:

- 1 ıstakoz, $1\frac{3}{4}$ pound
- $\frac{1}{2}$ su bardağı eritilmiş tereyağı
- 2 kilo somon filetosu
- $\frac{1}{4}$ bardak ince doğranmış kırmızı soğan
- 3 yemek kaşığı beyaz sirke
- 2 yemek kaşığı su
- $\frac{1}{4}$ bardak ağır krema
- 2 yemek kaşığı ince doğranmış taze tarhun
- 4 yemek kaşığı ($\frac{1}{2}$ çubuk) tereyağı
- Tuz ve taze çekilmiş karabiber
- Limon dilimleri ve suyu
- Kan Portakal Salatası

Talimatlar:

a) Istakoz boşluğuna tereyağı ve limon suyunu gezdirin.

b) Istakozu ızgaraya, duman tavasının üzerine sırt üstü yatırın. Kapağını kapatıp yaklaşık 25 dakika kadar tütsüleyin. Bir kesme tahtasına aktarın ve eti kuyruğundan ve pençelerinden çıkarın, mercanları ve tüm meyve sularını buzdolabında saklayın.

c) Soğanları, sirkeyi ve suyu orta boy bir tencerede orta-yüksek ateşte kaynatın; ısıyı azaltın ve 3 ila 4 dakika veya yaklaşık yarı yarıya azalıncaya kadar pişirin. Kremayı ve tarhunu ekleyin; 1 ila 2 dakika veya yarı yarıya azalıncaya kadar pişirin. Tereyağı parçalarını çırpın.

d) Izgarayı hazırlayın ve somonu sıcak tarafa koyun.

e) Istakoz parçalarını ve meyve sularını beurre blanc'la birlikte tencereye ekleyin, karıştırın ve ısıyı orta seviyeye yükseltin. Birkaç kez karıştırarak 3 ila 4 dakika veya ıstakoz eti iyice ısınana kadar pişirin, üzerini örtün.

51. Akçaağaç Şurubu Somon Biftek

İçindekiler:

- $\frac{1}{4}$ bardak saf akçaağaç şurubu
- $\frac{1}{4}$ fincan mirin veya beyaz şarap
- $\frac{1}{4}$ fincan düşük sodyumlu soya sosu
- 2 yemek kaşığı zeytinyağı
- $\frac{1}{2}$ limon suyu
- 1 limon kabuğu rendesi (yaklaşık 1 yemek kaşığı)
- 2 yemek kaşığı kırık tane karabiber
- 2 pound somon, $\frac{3}{4}$ inç kalınlığında biftek halinde kesilmiş

Talimatlar:

a) Akçaağaç şurubu, mirin, soya sosu, yağ, limon suyu ve karabiberleri paslanmaz bir kapta karıştırın. Biftekleri turşunun içine koyun ve 30 dakika buzdolabında saklayın.

b) Bir ızgarayı önceden ısıtın.

c) Somon bifteklerini marinattan çıkarın, süzün, kurulayın ve turşuyu ayırın. Biftekleri doğrudan ateşin üzerine koyun ve 4 dakika pişirin; çevirin ve 4 dakika daha veya biftekler hafifçe yumuşayana kadar pişirin. Az pişmiş için daha kısa, iyi pişmiş için daha uzun süre ızgara yapın.

d) Bu arada biftekleri çevirdikten sonra, turşuyu küçük bir tencerede orta-yüksek ateşte kaynayana kadar ısıtın ve ardından 5 dakika pişirin. Derhal ısıyı kapatın.

e) Somon bifteğinin üzerine sosu kepçeyle dökün.

52. Somon ve Mısır Çorbası

İçindekiler:

- 1 kiloluk somon filetosu
- 2 kulak taze mısır
- 2 yemek kaşığı zeytinyağı
- 1 orta boy ince doğranmış soğan
- 1 orta boy Yukon altın patates, doğranmış
- 2 bardak tam yağlı süt
- 1 su bardağı hafif krema
- 4 yemek kaşığı tuzsuz tereyağı
- $\frac{1}{2}$ çay kaşığı Worcestershire sosu
- $\frac{1}{4}$ bardak ince kıyılmış tarhun
- 1 çay kaşığı kırmızı biber
- Tuz ve taze çekilmiş karabiber
- İstiridye krakerleri

Talimatlar:

a) Bir ızgarayı önceden ısıtın.

b) Somonu ve mısır koçanlarını yağlanmış ızgaraya dizin. 6 dakika pişirin; daha sonra çevirin ve 4 ila 5 dakika daha pişirin. Bir kenara koyun.

c) Keskin bir bıçakla mısırları koçanlarından sıyırın ve somonu ısırık büyüklüğünde parçalar halinde kesin. Bir kenara koyun.

d) 1 çorba kaşığı yağı 4 litrelik bir tencerede orta-yüksek ateşte ısıtın. Soğanı ve patatesi ekleyin. Yaklaşık 10 dakika veya soğanlar yumuşayana kadar kapağı kapalı olarak pişirin. Süt, krema, tereyağı ve Worcestershire sosunu ekleyin. Yaklaşık 10 dakika veya patatesler yumuşayana kadar pişirin.

e) Mısır, somon, tarhun, kırmızı biber, tuz ve karabiberi ekleyip 5 dakika pişirin.

f) Kaselere aktarın ve istiridye krakerleriyle hemen servis yapın.

53. Dereotu ile terbiye edilmiş somon

Servis 6
İçindekiler:

- 2 x 750g (1lb 10oz) somon filetosu
- 1 büyük demet dereotu, kabaca doğranmış
- 100g (4oz) kaba deniz tuzu
- 75g (3oz) pudra şekeri
- 2 yemek kaşığı öğütülmüş beyaz biber

Yaban turpu ve hardal sosu

- 2 çay kaşığı ince rendelenmiş yaban turpu (taze veya kavanozdan)
- 2 çay kaşığı ince rendelenmiş soğan
- 1 çay kaşığı Dijon hardalı
- 1 çay kaşığı pudra şekeri
- 2 Yemek kaşığı beyaz şarap sirkesi
- iyi bir tutam tuz
- 175ml (6fl oz.) çift krema

Talimatlar:

a) Somon filetolardan birini deri tarafı aşağı bakacak şekilde geniş bir streç film tabakasının üzerine koyun. Dereotunu tuz, şeker ve ezilmiş karabiberle karıştırıp somonun kesilmiş yüzüne yayın. Diğer filetoyu derisi yukarı bakacak şekilde üstüne yerleştirin.

b) Balıkları iki veya üç kat streç filme sıkıca sarın ve geniş, sığ bir tepsiye kaldırın. Balığın üzerine biraz daha küçük bir tepsi veya doğrama tahtası koyun ve ağırlığını azaltın. Balığı 12 saatte bir çevirerek 2 gün soğutun, böylece koli içinde oluşacak tuzlu karışım balığın üzerini yağlasın.

c) Yaban turpu ve hardal sosunu hazırlamak için krema dışındaki tüm malzemeleri karıştırın. Kremayı yumuşak zirvelere çırpın, yaban turpu karışımını karıştırın, üzerini örtün ve soğutun.

d) Servis yapmak için balıkları tuzlu karışımdan çıkarın ve somon füme gibi çok ince dilimleyin. Her tabağa birkaç dilim gravlax yerleştirin ve sosun bir kısmıyla birlikte servis yapın.

54. Taze Atlantik somonu sote

Verim: 1 Porsiyon

Bileşen
- 3 Somon filetosu
- 1 yemek kaşığı Tereyağı
- ¼ çay kaşığı Şef tuzu
- ½ su bardağı Baharatlı un
- 1 yemek kaşığı doğranmış domates
- 1 yemek kaşığı doğranmış yeşil soğan
- 1 yemek kaşığı dilimlenmiş mantar
- 2 yemek kaşığı Beyaz yemeklik şarap
- ½ Küçük limonun suyu
- 2 yemek kaşığı Yumuşak tereyağı

Talimatlar:

a) Somonu ince dilimler halinde kesin. Somonu Şef Tuzu ile tatlandırın ve una bulayın.

b) Her iki tarafını da tereyağında hızlıca soteleyin ve çıkarın. Dilimlenmiş mantarları, domatesi, yeşil soğanı, limon suyunu ve beyaz şarabı ekleyin.

c) Yaklaşık 30 saniye boyunca aşırı ısıyı azaltın. Tereyağını karıştırın ve sosu somonun üzerine servis edin.

55. Pancetta ile ızgara somon

Verim: 4 Porsiyon

Bileşen

- 1 pound Taze Kuzugöbeği Mantarı
- 2 Arpacık; Kıyılmış
- 1 Diş Sarımsak; Kıyılmış
- 10 yemek kaşığı Tereyağı; Parçalara Kes
- 1 bardak Kuru Sherry veya Madeira
- 4 Parça Somon Fileto
- Zeytin yağı
- Tuz ve Taze çekilmiş karabiber
- 16 Yeşil Soğan
- 4 yemek kaşığı Pancetta; Küplenmiş ve Kesilmiş

Talimatlar:

a) Arpacık soğanı ve sarımsağı 2 yemek kaşığı tereyağında kısık ateşte yumuşayana kadar soteleyin. Morelleri ekleyin, ateşi açın ve 1 dakika pişirin. Şeri ekleyin ve yarıya kadar azaltın.

b) Kalan tereyağını, emülsifiye olana kadar ısıyı açıp kapatarak çırpın.

c) Izgarayı veya çıkıntılı ızgara tavasını ısıtın. Somon filetolarını yağla yağlayın ve tuz ve karabiberle tatlandırın. Somonu büyük bir tavaya aktarın ve fırında 5 ila 10 dakika pişirin.

d) Orta boy, ağır bir kızartma tavasını yüksek ateşte ısıtın. Birkaç yemek kaşığı zeytinyağı ekleyin. Yeşil soğan ve pancetta ekleyin. Kızartmayı önlemek için tavayı sallayarak kısa süre pişirin. Morel karışımını ekleyip karıştırın. Hafifçe baharatlayın.

e) Sıcak bir yemek tabağının ortasına somon filetoyu yerleştirin. Morel karışımını üstüne ve yanlarına kaşıkla dökün.

56. Somonlu baharatlı hindistan cevizi suyu

Bileşen

- 1 150 gr. kişi başı parça somon; (150 ila 180)
- 1 su bardağı Yasemin pirinci
- $\frac{1}{4}$ fincan Yeşil kakule kabukları
- 1 çay kaşığı Karanfil
- 1 çay kaşığı beyaz biber
- 2 Tarçın çubuğu
- 4 Yıldız anason
- 2 yemek kaşığı Yağ
- 3 Soğan; ince doğranmış
- $\frac{1}{2}$ çay kaşığı zerdeçal
- 1 litre Hindistan cevizi sütü
- 500 mililitre Hindistan cevizi kreması
- 6 adet büyük boy olgun domates
- 1 yemek kaşığı esmer şeker
- 20 mililitre Balık sosu
- Tatmak için tuz
- 2 yemek kaşığı Garam masala

Talimatlar:

a) Garam Masala: Baharatları bir tavada ayrı ayrı kavurun. Tüm baharatları bir kahve değirmeni veya havanda birleştirin, havanda dövün ve öğütün.

b) Baharatlı Hindistan Cevizi Suyu: Yağı geniş bir tavada ısıtın ve soğanları şeffaflaşana kadar pişirin. Zerdeçal ve zencefili ekleyip kısık ateşte yaklaşık 20 dakika pişirin, ardından kalan malzemeleri ekleyin. Kaynamaya getirin.

c) Et suyu pişerken somon ve yasemin pirincini pişirin. Somon balık suyunda haşlanabilir, kömürde ızgaralanabilir veya tavada kızartılabilir.

57. Columbia Nehri Chinook

İçindekiler:

- 1 su bardağı taze kiraz, yıkanmış ve çekirdekleri çıkarılmış
- $\frac{1}{2}$ bardak balık veya tavuk suyu
- $\frac{1}{4}$ bardak taze kekik, sapları ayrılmış
- 2 yemek kaşığı brendi
- 1 çay kaşığı taze limon suyu
- 2 yemek kaşığı esmer şeker
- $1\frac{1}{2}$ çay kaşığı balzamik sirke
- $1\frac{1}{2}$–2 pound somon filetosu
- limon dilimleri

Talimatlar:

a) Bir ızgarayı önceden ısıtın.

b) Kirazları bir mutfak robotunun kasesinde kabaca doğranana kadar üç veya dört kez çekin.

c) Et suyunu, kekiği, brendiyi ve limon suyunu bir tencerede orta ateşte 10 ila 12 dakika veya yarı yarıya azalıncaya kadar pişirin.

d) Kahverengi şekeri ve sirkeyi ekleyin, karıştırın ve iyice ısınana kadar 2 ila 3 dakika pişirin. Ateşten alın ancak sıcak tutun.

e) Somon filetolarını yağlanmış ızgaraya yerleştirin ve 4 ila 5 dakika pişirin; çevirin ve filetolar hafifçe yumuşayana kadar 4 ila 5 dakika daha pişirin.

f) Dört porsiyona bölün. Dört tabağın ortasına ılık sos koyun ve havuzlar oluşturun. Somonu doğrudan sosun üzerine koyun.

58. Fırında Kavrulmuş Somon ve Sebzeler

Porsiyon: 4 porsiyon

İçindekiler:
- 4 somon filetosu
- 2 büyük domates, dörde bölünmüş
- 2 büyük soğan, tercihen kırmızı çeşitte ve dörde bölünmüş
- 1 büyük sarımsak ampulü, ikiye bölünmüş
- 2 adet büyük biber, kırmızı ve yeşil çeşitleri ve şeritler halinde dilimlenmiş
- 1 su bardağı kabak, yarım santim kalınlığında dilimlenmiş
- 1 su bardağı brokoli çiçeği
- 3 yemek kaşığı sızma zeytinyağı
- 1 Yemek kaşığı tuzsuz tereyağı
- 1 çay kaşığı kurutulmuş dereotu
- Tatmak için biber ve tuz
- Taze fesleğen yaprakları, ince doğranmış

Talimatlar:
a) Doğranmış sebzeleri hazırlarken fırını 375F'ye önceden ısıtın.

b) Tüm sebzeleri geniş bir fırın kabına koyun ve üzerine biraz zeytinyağı gezdirin. Tuz ve karabiber serpin ve doğranmış sebzelerin eşit şekilde zeytinyağıyla kaplanmasını sağlayın. Sebzeleri fırın kabının kenarlarına paylaştırın.

c) Ortasına terbiyeli somon filetolarını yerleştirin. Üzerine yumuşatılmış tereyağını dökün.

d) 18-20 dakika veya somon kolayca pul pul dökülene ve sebzeler çatalla yumuşayana kadar pişirin.

e) Servis yapmadan önce taze doğranmış fesleğeni atın.

59. Soya ve Bal Sırlı Somon

Porsiyon: 6 porsiyon

İçindekiler:
- 6 adet taze somon filetosu, 1 inç kalınlığında
- 4 Yemek kaşığı kavrulmuş susam yağı
- 3 büyük biber, çekirdekleri çıkarılmış ve ince şeritler halinde dilimlenmiş
- 2 orta boy kırmızı soğan, dörde bölünmüş
- 4 yemek kaşığı hafif soya sosu
- 1 yemek kaşığı zencefil, soyulmuş ve rendelenmiş
- 3 yemek kaşığı saf bal
- Tatmak için biber ve tuz
- Süslemek için taze soğan

Talimatlar:
a) Somonu büyük bir fırın tepsisine yerleştirin ve filetolar arasında dikkatlice 1 inç boşluk bırakın. Daha lezzetli bir etki için dilimlenmiş dolmalık biberleri (yeşil, kırmızı ve sarı) ve soğanları tavaya ekleyin. Susam yağının yarısını balıkların üzerine gezdirin. Tadına göre tuz ve karabiber serpin.

b) Orta boy bir kaseye soya sosunu, balı, rendelenmiş zencefili, taze çekilmiş biberi ve geri kalan susam yağını ekleyin.

c) Sosu iyice karıştırın.

d) Sosu balıkların üzerine dökün. Somonu 25 dakika boyunca 420F'de pişirin.

e) Hemen servis yapın ve taze soğanla süsleyin. En iyi taze buharda pişirilmiş beyaz pirinçle yenir.

60. Baharatlı Somon ve Erişte Çorbası

Porsiyon: 4 porsiyon

İçindekiler:
- 4 somon filetosu, 1 inç kalınlığında
- 2 bardak hindistan cevizi sütü
- 3 bardak sebze suyu, ev yapımı veya hazır çeşitler
- 200 gram Asya usulü erişte veya pirinç eriştesi
- 5 Yemek kaşığı sarımsak, kıyılmış
- 2 büyük beyaz soğan, ince dilimlenmiş
- 2 adet büyük kırmızı biber, ince doğranmış ve çekirdekleri çıkarılmış
- 1 1 inç taze zencefil topuzu, ince dilimlenmiş
- 3 yemek kaşığı kırmızı köri ezmesi
- 1 Yemek kaşığı bitkisel yağ
- ½ bardak taze soğan, ince doğranmış
- Bir avuç kişniş, ince doğranmış
- Tatmak için biber ve tuz

Talimatlar:
a) Büyük bir tencerede bitkisel yağı düşük ila orta ateşte ısıtın. Kıyılmış sarımsağı, beyaz soğanı, pul biberi, zencefili ve kırmızı köri ezmesini birkaç dakika, tüm karışım güzel kokulu hale gelinceye kadar ekleyin.

b) Sotelenmiş karışıma hindistan cevizi sütü ve sebze suyunu dökün. Et suyunu 5-8 dakika yavaş kaynamaya getirin.

c) Somonu ve erişteyi tencereye ekleyip 5-8 dakika pişirin. Eriştelerin pişme süresini paketin üzerindeki talimatlara göre kontrol edin ve buna göre ayarlayın. Somonun fazla pişmeyeceğinden emin olun.

d) Taze soğanı ve kişniş yapraklarını tencereye ekleyin ve ateşi kapatın. Tuz ve karabiberle tatlandırın.

e) Hemen ayrı kaselere aktarın ve daha fazla kişniş ve/veya taze soğanla süsleyin.

61. Yeşil Otlu Salsa ile Haşlanmış Somon

Porsiyon: 4 porsiyon

İçindekiler:
- 3 bardak su
- 4 yeşil çay poşeti
- 2 büyük somon filetosu (her biri yaklaşık 350 gram)
- 4 Yemek kaşığı sızma zeytinyağı
- 3 yemek kaşığı taze sıkılmış limon suyu
- 2 yemek kaşığı maydanoz, taze doğranmış
- 2 yemek kaşığı fesleğen, taze doğranmış
- 2 yemek kaşığı kekik, taze doğranmış
- 2 yemek kaşığı Asya frenk soğanı, taze doğranmış
- 2 çay kaşığı kekik yaprağı
- 2 çay kaşığı sarımsak, kıyılmış

Talimatlar:
a) Büyük bir tencerede suyu kaynatın. Yeşil çay poşetlerini ekleyin ve ocaktan alın.

b) Çay poşetlerinin 3 dakika demlenmesine izin verin. Çay poşetlerini tencereden çıkarın ve çay demlenmiş suyu kaynatın. Somonu ekleyin ve ısıyı azaltın.

c) Somon filetolarını orta kısımda opaklaşana kadar haşlayın. Somonu 5-8 dakika veya tamamen pişene kadar pişirin.

d) Somonu tencereden alıp bir kenara koyun.

e) Bir blender veya mutfak robotuna tüm taze doğranmış otları, zeytinyağını ve limon suyunu boşaltın. Karışım pürüzsüz bir macun haline gelinceye kadar iyice karıştırın. Macunu tuz ve karabiberle tatlandırın. Gerektiğinde baharatları ayarlayabilirsiniz.

f) Haşlanmış somonu geniş bir tabakta servis edin ve üzerine taze ot ezmesini ekleyin.

62. Ballı Hardal Sırlı Somon

Porsiyon: 4 porsiyon

İçindekiler:
- 4 somon filetosu, 1 inç kalınlığında
- 5 yemek kaşığı Dijon hardalı
- 5 Yemek kaşığı saf bal
- 2 Yemek kaşığı hafif soya sosu
- 2 yemek kaşığı tereyağı, tuzsuz çeşit
- 2 yemek kaşığı sarımsak, kıyılmış
- Tatmak için biber ve tuz
- Kanola yağı
- Taze doğranmış kekik yaprakları

Talimatlar:
a) Somon filetolarını tuz ve karabiberle tatlandırın. Fırın tepsisini kanola yağıyla fırçalayın veya püskürtün, ardından somonu derisi aşağı bakacak şekilde yerleştirin.

b) Orta boy bir kapta Dijon hardalı, saf bal ve soya sosunu birlikte çırpın. Kıyılmış sarımsağı katıp iyice karıştırın.

c) Karışımı somon filetoların her iki tarafına da bir hamur fırçası kullanarak cömertçe yayın.

d) Somonun üzerine kekik yapraklarını serpin.

e) Somonu 450F'de 20 dakika pişirin. Gerekirse kalan ballı hardal karışımını dökün. Somonu istediğiniz donanıma kadar pişirin.

f) Hemen servis tabağına alın ve üzerine biraz kekik yaprağı ekleyin.

63. Yabanturpu Somonu

Porsiyon: 4 porsiyon

İçindekiler:

Somon fileto

- 8 somon filetosu, 1 inç kalınlığında
- 3 Yemek kaşığı yaban turpu sosu
- 3 yemek kaşığı hafif soya sosu
- 3 yemek kaşığı zeytinyağı, sızma çeşidi
- 2 yemek kaşığı sarımsak, kıyılmış
- Tatmak için biber ve tuz

yabanturpu sosu

- 1 Yemek kaşığı hafif soya sosu
- 2 yemek kaşığı taze sıkılmış limon suyu
- 3 Yemek kaşığı yaban turpu sosu
- 1 su bardağı ekşi krema
- 2 yemek kaşığı mayonez, yağı azaltılmış çeşit

Talimatlar:

a) Orta boy bir kaseye tüm malzemeleri boşaltın ve iyice karıştırın. Plastik bir örtü ile örtün ve buzdolabında en az bir saat soğumaya bırakın.

b) Ayrı bir kapta yaban turpu sosu, zeytinyağı, soya sosu ve sarımsağı çırpın. Tuz ve karabiber ekleyin ve gerekirse baharatları ayarlayın.

c) Somon filetolarını büyük bir fırın tepsisine veya ızgara rafına yerleştirin. Tavayı veya ızgara rafını yağlayın. Hazırladığınız karışımı somon filetoların her iki tarafına da sürün.

d) Somonu en az 20 dakika pişirin. Izgara rafını kullanıyorsanız somonun her tarafının 5 dakika pişmesine izin verin.

e) Balık filetolarını hemen beyaz pirinçle servis edin. Daha sağlıklı bir seçenek için somonun yanında esmer pirinç servis edebilirsiniz. Yanında soğutulmuş yaban turpu sosuyla servis yapın.

64. Sıcak Somon ve Patates Salatası

Porsiyon: 3-4 porsiyon

Toplam Hazırlık Süresi: 30 dakika

İçindekiler:
- 3 somon filetosu, 1 inç kalınlığında ve derisiz
- 4 büyük patates, ısırık büyüklüğünde parçalar halinde kesilmiş
- Bir avuç roka ve ıspanak yaprağı
- $\frac{3}{4}$ bardak ekşi krema
- 2 Yemek kaşığı limon suyu
- 2 Yemek kaşığı saf bal
- 2 çay kaşığı Dijon hardalı
- 1 çay kaşığı sarımsak, kıyılmış
- Tatmak için biber ve tuz
- Garnitür için kişniş yaprakları

Talimatlar:
a) Somonu hafifçe tuz ve karabiberle tatlandırın. Folyoya sarın ve bir fırın tepsisine yerleştirin. 420F'de 15-20 dakika veya tamamen pişene kadar pişirin.

b) Orta boy bir tencerede doğranmış patatesleri yumuşayıncaya kadar haşlayın. Derhal boşaltın ve bir kenara koyun.

c) Büyük bir salata kasesinde ekşi krema, limon suyu, bal, hardal ve sarımsağı birleştirin. Tüm malzemeleri iyice karıştırın. Tadına göre tuz ve karabiber ekleyin.

d) Salata yapraklarını elinizle yırtıp kaseye atın. Haşlanmış patatesleri ekleyin.

e) Pişen somonu lokma büyüklüğünde parçalara ayırıp salata kasesine atın. Malzemeleri iyice karıştırın.

f) Servis yapmadan önce biraz taze doğranmış kişniş serpin.

65. Pirinç ve Bezelyeli Tek Kapta Somon

Porsiyon: 4 porsiyon

İçindekiler:

- 1 su bardağı beyaz pirinç, uzun taneli çeşit
- 2 bardak su
- 1 kiloluk somon, derisi alınmış ve 4 parçaya dilimlenmiş
- ½ su bardağı şekerli bezelye
- 6 Yemek kaşığı hafif soya sosu
- 2 Yemek kaşığı pirinç sirkesi
- 1 1 inçlik taze zencefil topuzu, rendelenmiş
- 1 Yemek kaşığı esmer şeker
- Tatmak için biber ve tuz
- ½ su bardağı taze doğranmış taze soğan

Talimatlar:

a) Pirinci paket talimatlarına göre yıkayın. Orta boy bir tavada pirinç ve suyu birleştirin ve kapağını kapatın. Karışımı düşük ila orta ateşte 10 dakika kaynatın.

b) Somonu tuz ve karabiberle tatlandırın. Daha sonra hemen pirincin üzerine ekleyin.

c) Pirinç tüm suyu emene kadar somonu pişirin.

d) Bezelyeleri ekleyin ve tavayı 5 dakika daha kapatın. Bezelyelerin zaten yumuşak olup olmadığını ve somonun istediğiniz donanıma ulaşıp ulaşmadığını kontrol edin.

e) Küçük bir kapta soya sosu, sirke, taze soğan, zencefil ve şekeri karıştırın. Gerektiğinde baharatları ayarlayın.

f) Somonu, pirinci ve bezelyeyi servis tabağına alıp sosla birlikte servis yapın. Somonun ve pirincin üzerine biraz taze doğranmış taze soğan serpin.

66. Domates ve Soğanlı Garlicky Izgara Somon

Porsiyon: 6 porsiyon

İçindekiler:
- 6 somon filetosu, derisiz
- 4 büyük domates, ikiye bölünmüş
- 3 orta boy kırmızı soğan, dörde bölünmüş
- 2 Yemek kaşığı sızma zeytinyağı
- 1 çay kaşığı toz biber
- 1 büyük sarımsak soğanı, kıyılmış
- 10 adet taze kekik yayı
- 1 Yemek kaşığı tuzsuz tereyağı
- Tatmak için biber ve tuz

Talimatlar:
a) Tuzsuz tereyağını geniş bir fırın kabına sürün ve tabağın eşit şekilde kaplandığından emin olun.

b) Somon filetolarını, domatesleri ve soğanları fırın tepsisine yerleştirin.

c) Sızma zeytinyağını gezdirin ve bir miktar tuz ve karabiber ekleyin. Somonun her iki tarafına da biraz toz kırmızı biber serpin.

d) Somonun üzerine kıyılmış sarımsak ve taze kekik ekleyin.

e) Somonu 420F'de 10-12 dakika pişirin. Somonun pişip pişmediğini kontrol etmek için çatalla delin ve pulların kolayca dağılıp kırılmadığına bakın.

f) Somonu ve sebzeleri hemen servis tabağına aktarın. Daha fazla tazelik için biraz kekik yaprağı atın.

67. Siyah Fasulye Soslu Fırında Somon

Porsiyon: 4 porsiyon

İçindekiler:
- 4 somon filetosu, derileri ve kılçıkları çıkarılmış
- 3 yemek kaşığı siyah fasulye sosu veya siyah fasulye sarımsak sosu
- ½ bardak tavuk suyu (veya daha sağlıklı bir alternatif olarak sebze suyu)
- 3 yemek kaşığı sarımsak, kıyılmış
- 1 1 inçlik taze zencefil topuzu, rendelenmiş
- 2 yemek kaşığı şeri veya sake (veya herhangi bir yemeklik şarap)
- 1 yemek kaşığı taze sıkılmış limon suyu
- 1 Yemek kaşığı balık sosu
- 2 Yemek kaşığı esmer şeker
- ½ çay kaşığı kırmızı pul biber
- Taze kişniş yaprakları, ince doğranmış
- Garnitür olarak taze soğan

Talimatlar:
a) Büyük bir fırın tepsisini yağlayın veya aynısını parşömen kağıdıyla hizalayın. Fırını 350F'ye önceden ısıtın.

b) Tavuk suyunu ve siyah fasulye sosunu orta boy bir kapta birleştirin. Kıyılmış sarımsak, rendelenmiş zencefil, şeri, limon suyu, balık sosu, esmer şeker ve pul biberi ekleyin. Kahverengi şeker tamamen eriyene kadar iyice karıştırın.

c) Siyah fasulye sosunu somon filetolarının üzerine dökün ve en az 15 dakika boyunca somonun siyah fasulye karışımını tamamen emmesini sağlayın.

d) Somonu pişirme kabına aktarın. 15-20 dakika pişirin. Somonun fırında çok kuru olmadığından emin olun.

e) Kıyılmış kişniş ve taze soğan ile servis yapın.

68. Sebzeli Pilavlı Somon Balıklı Kek

Porsiyon: 4 porsiyon

Toplam Hazırlık Süresi: 30 dakika

İçindekiler:

Somon kekleri
- 2 kutu pembe somon, süzülmüş
- 1 büyük yumurta
- $\frac{1}{2}$ bardak panko ekmek kırıntısı
- $\frac{1}{2}$ Yemek kaşığı mısır nişastası
- 2 yemek kaşığı kapari, süzülmüş
- 3 yemek kaşığı taze soğan veya maydanoz, doğranmış
- Tatmak için biber ve tuz
- Kızartmak için bitkisel yağ

Sebzeli Pilav
- 1 su bardağı esmer pirinç, pişmemiş
- $\frac{1}{2}$ su bardağı yeşil bezelye
- $\frac{1}{4}$ bardak rendelenmiş havuç
- $\frac{1}{4}$ bardak tatlı mısır
- 3 Yemek kaşığı taze soğan
- 2 yemek kaşığı taze sıkılmış limon suyu

Talimatlar:
a) Somon kekleri için tüm malzemeleri bir blender veya mutfak robotunda birleştirin. Tıknaz bir macun haline gelinceye kadar iyice karıştırın.

b) Karışımı buzdolabında 20 dakika kadar soğumaya bırakın.

c) Karışım hafif kıvam alınca 1 yemek kaşığı elinize alıp köfte şekli verin. Tüm somon köfteleri şekillenip oluşana kadar bu işlemi tekrarlayın.

d) Büyük bir tavada biraz bitkisel yağı ısıtın ve somon köftelerini çıtır altın rengi kahverengi olana kadar kızartın.

e) Köfte karışımı buzdolabındayken kahverengi pirinci paketin üzerindeki talimatlara göre pişirin. Tüm su emildiğinde yeşil bezelye, havuç ve mısırı pirinç ocağına ekleyin. Pirinci sebzelerle tamamen karıştırın ve kalan buharın sebzeleri pişirmesini sağlayın. Taze sıkılmış limon suyunu ekleyin.

f) Servis yapmadan önce sebze pirincinin üzerine biraz taze doğranmış yeşil soğan serpin. Yanında çıtır somonlu keklerle servis yapın.

69. Soya Zencefilli Somon

Porsiyon: 4 porsiyon

İçindekiler:
- 4 somon filetosu, derileri ve kemikleri çıkarılmış
- 4 yemek kaşığı taze zencefil, rendelenmiş
- 2 yemek kaşığı sarımsak, kıyılmış
- 1 Yemek kaşığı esmer şeker
- 2 Yemek kaşığı saf bal
- 1 çay kaşığı Dijon hardalı
- ½ su bardağı taze portakal suyu
- 3 yemek kaşığı hafif soya sosu
- İnce rendelenmiş portakal kabuğu rendesi
- Tatmak için biber ve tuz
- 1 Yemek kaşığı sızma zeytinyağı

Talimatlar:
a) Orta ila büyük boy bir kapta portakal suyunu, balı, soya sosunu, portakal kabuğu rendesini, hardalı, şekeri, sarımsağı ve zencefili iyice birleşene kadar çırpın. Taze rendelenmiş portakal kabuğu rendesini karıştırın. Bu karışımın yarısını somonun üzerine dökün.

b) Fırını 350F'ye önceden ısıtın. Somonu taze çekilmiş karabiber ve tuzla tatlandırın, ardından eşit şekilde zeytinyağıyla fırçalayın.

c) Somonu fırın tepsisine yerleştirin ve 15-20 dakika pişirin.

d) Küçük veya orta boy bir tencereye karışımın diğer yarısını dökün ve kaynamaya bırakın. Daha sonra karışımı 5 dakika boyunca veya sos koyulaşıncaya kadar sürekli karıştırın.

e) Somonun üzerine sosu gezdirin. Taze doğranmış kişniş veya taze soğanla süsleyin.

70. Acı Hindistan Cevizi Soslu Somon

Porsiyon: 6 porsiyon

İçindekiler:
- 6 somon filetosu
- 2 Yemek kaşığı tuzsuz tereyağı
- 1 Yemek kaşığı sızma zeytinyağı
- 4 diş sarımsak, kıyılmış
- 4 Yemek kaşığı beyaz soğan, kıyılmış
- 1 1 inçlik zencefil topuzu, rendelenmiş
- 2 su bardağı saf hindistan cevizi sütü
- 2 yemek kaşığı kırmızı pul biber, iri doğranmış
- 3 yemek kaşığı kişniş, doğranmış
- Tatmak için biber ve tuz

Talimatlar:
a)   Somon filetolarını taze çekilmiş karabiber ve tuzla tatlandırın.

b)   Düşük ila orta ateşte tereyağını ve zeytinyağını ısıtın, ardından hemen sarımsak, soğan ve zencefili büyük bir sos tavasına atın. Sürekli karıştırın ve 2 dakika veya bu baharatların kokusu çıkana kadar pişirin. Ateşli bir vuruş için biberleri ekleyin.

c)   Hindistan cevizi sütünü yavaş yavaş dökün ve kaynatın. 10 dakika veya sos kalınlaşana kadar bu şekilde kaynamaya bırakın.

d)   Ayrı bir tavaya biraz zeytinyağı dökün ve somon filetolarını koyun. Her iki tarafını da 5 dakika kısık ateşte pişirin. Filetoları yakmamaya dikkat edin ve hemen servis tabağına alın.

e)   Baharatlı hindistan cevizi sosunu somon filetolarının üzerine dökün. Ağzınıza layık bir görünüm için üzerine taze doğranmış kişnişi ekleyin.

71.Ispanaklı Kırmızı Biber Izgara Somon

Porsiyon: 6 porsiyon

İçindekiler:
- 6 pembe somon filetosu, 1 inç kalınlığında
- $\frac{1}{4}$ su bardağı taze sıkılmış portakal suyu
- 3 çay kaşığı kurutulmuş kekik
- 3 yemek kaşığı sızma zeytinyağı
- 3 çay kaşığı tatlı toz biber
- 1 çay kaşığı tarçın tozu
- 1 Yemek kaşığı esmer şeker
- 3 su bardağı ıspanak yaprağı
- Tatmak için biber ve tuz

Talimatlar:
a) Somon filetolarının her iki tarafına hafifçe zeytin sürün, ardından kırmızı biber tozu, tuz ve karabiberle tatlandırın. Oda sıcaklığında 30 dakika bekletin. Somonun kırmızı biber ovmasını emmesine izin vermek.

b) Küçük bir kapta portakal suyunu, kurutulmuş kekiği, tarçın tozunu ve esmer şekeri karıştırın.

c) Fırını önceden 400F'ye ısıtın. Somonu folyo kaplı bir fırın tepsisine aktarın. Marine edilmiş somonu dökün. Somonu 15-20 dakika pişirin.

d) Büyük bir tavaya bir çay kaşığı sızma zeytinyağı ekleyin ve ıspanakları birkaç dakika veya solana kadar pişirin.

e) Pişen somonu, yanında ıspanakla birlikte servis edin.

72. Sebzeli Somon Teriyaki

Porsiyon: 4 porsiyon

İçindekiler:
- 4 somon filetosu, derileri ve kılçıkları çıkarılmış
- 1 büyük tatlı patates (veya sadece patates), ısırık büyüklüğünde parçalar halinde kesilmiş
- 1 büyük havuç, ısırık büyüklüğünde parçalar halinde kesilmiş
- 1 büyük beyaz soğan, dilimler halinde kesilmiş
- 3 büyük biber (yeşil, kırmızı ve sarı), doğranmış
- 2 su bardağı brokoli çiçeği (kuşkonmazla değiştirilebilir)
- 2 Yemek kaşığı sızma zeytinyağı
- Tatmak için biber ve tuz
- Taze soğan, ince doğranmış

Teriyaki sosu
- 1 bardak su
- 3 Yemek kaşığı soya sosu
- 1 Yemek kaşığı sarımsak, kıyılmış
- 3 Yemek kaşığı esmer şeker
- 2 Yemek kaşığı saf bal
- 2 yemek kaşığı mısır nişastası (3 yemek kaşığı suda eritilmiş)
- ½ Yemek kaşığı kavrulmuş susam

Talimatlar:
a) Küçük bir tavada soya sosunu, zencefili, sarımsağı, şekeri, balı ve suyu kısık ateşte çırpın. Karışım yavaş yavaş kaynayana kadar sürekli karıştırın. Mısır nişastası suyunu karıştırın ve karışım koyulaşana kadar bekleyin. Susam tohumlarını ekleyin ve bir kenara koyun.

b) Büyük bir pişirme kabını tuzsuz tereyağı veya pişirme spreyi ile yağlayın. Fırını önceden 400F'ye ısıtın.

c) Geniş bir kaseye tüm sebzeleri alıp zeytinyağını gezdirin. Sebzeler yağla iyice kaplanana kadar iyice karıştırın. Taze çekilmiş karabiber ve biraz tuzla tatlandırın.

d) Sebzeleri pişirme kabına aktarın. Sebzeleri yanlara dağıtın ve pişirme kabının ortasında biraz boşluk bırakın.

e) Somonu pişirme kabının ortasına yerleştirin. Teriyaki sosunun 2/3'ünü sebzelere ve somona dökün.

f) Somonu 15-20 dakika pişirin.

g) Pişen somonu ve kavrulmuş sebzeleri güzel bir servis tabağına aktarın. Kalan teriyaki sosunu dökün ve doğranmış taze soğanla süsleyin.

73. Taze Şeftali Izgara Somon

Porsiyon: 6 porsiyon

İçindekiler:
- 6 somon filetosu, 1 inç kalınlığında
- 1 büyük kutu dilimlenmiş şeftali, hafif şurup çeşidi
- 2 Yemek kaşığı beyaz şeker
- 2 Yemek kaşığı hafif soya sosu
- 2 yemek kaşığı Dijon hardalı
- 2 Yemek kaşığı tuzsuz tereyağı
- 1 1 inçlik taze zencefil topuzu, rendelenmiş
- 1 yemek kaşığı zeytinyağı, sızma çeşidi
- Tatmak için biber ve tuz
- Taze doğranmış kişniş

Talimatlar:
a) Dilimlenmiş şeftalileri boşaltın ve yaklaşık 2 yemek kaşığı hafif şurup ayırın. Şeftalileri ısırık büyüklüğünde parçalar halinde kesin.

b) Somon filetolarını geniş bir fırın tepsisine yerleştirin.

c) Orta boy bir tencereye ayrılmış şeftali şurubunu, beyaz şekeri, soya sosunu, Dijon hardalını, tereyağını, zeytinyağını ve zencefili ekleyin. Karışım biraz koyulaşana kadar kısık ateşte karıştırmaya devam edin. Damak tadınıza göre tuz ve karabiber ekleyin.

d) Isıyı kapatın ve karışımın bir kısmını bir fırça kullanarak somon filetoların üzerine cömertçe yayın.

e) Dilimlenmiş şeftalileri tencereye ekleyin ve sırla iyice kaplayın. Sırlanmış şeftalileri somonun üzerine dökün ve eşit şekilde dağıtın.

f) Somonu 420F'de yaklaşık 10-15 dakika pişirin. Yemeğin yanmaması için somona dikkat edin.

g) Servis yapmadan önce biraz taze doğranmış kişniş serpin.

74. Kremalı Pestolu Somon

Porsiyon: 4 porsiyon

İçindekiler:
- 4 somon filetosu, 1 inç kalınlığında
- $\frac{1}{4}$ fincan tam yağlı süt
- $\frac{1}{2}$ fincan krem peynir, yağı azaltılmış/hafif çeşit
- 1/3 bardak fesleğen pesto sosu
- 2 Yemek kaşığı sızma zeytinyağı
- Tatmak için biber ve tuz
- Taze doğranmış maydanoz

Talimatlar:
a) Somonu tuz ve karabiberle tatlandırın. Izgara tavasına biraz zeytinyağı ekleyin ve somonu her tarafı 5 dakika veya pişene kadar kızartın.

b) Somon filetolarını servis tabağına aktarın.

c) Orta boy bir tencerede biraz zeytinyağını ısıtıp pesto sosunu ekleyip 2 dakika pişirin.

d) Sütü ve krem peyniri ekleyip hepsini karıştırın. Krem peynir pesto sosla tamamen eriyene kadar karıştırmaya devam edin.

e) Kremalı pestoyu somonun içine dökün. Taze kıyılmış maydanozla süsleyin.

75. Somon ve Avokado Salatası

Porsiyon: 4 porsiyon

İçindekiler:
- 4 somon filetosu, derisiz
- 3 orta boy avokado
- $\frac{1}{2}$ bardak salatalık, ince dilimlenmiş
- Tatmak için biber ve tuz
- 300 gram salata yaprağı (marul, roka ve su teresi)
- Bir avuç taze doğranmış nane yaprağı
- $\frac{1}{2}$ kırmızı soğan, ince dilimlenmiş
- 4 Yemek kaşığı saf bal
- 3 yemek kaşığı sızma zeytinyağı
- 3 yemek kaşığı taze sıkılmış limon suyu

Talimatlar:
a) Somonu hafifçe tuz ve karabiberle tatlandırın.

b) Somonu 420F'de 15-20 dakika veya istenilen donanıma gelene kadar pişirin veya ızgara yapın. Bir süreliğine kenara koyun.

c) Büyük bir salata kasesinde limon suyu, bal ve zeytinyağını birleştirin. Tuz ve karabiber ekleyin ve gerekirse tadı ayarlayın.

d) Avokadoları lokma büyüklüğünde doğrayıp salata kasesine alın.

e) Salata yeşilliklerini, kırmızı soğanı ve nane yapraklarını kaseye ekleyin.

f) Somon filetolarını lokma büyüklüğünde parçalara ayırın. Bunları kaseye atın. Tüm malzemeleri iyice karıştırın.

76. Somonlu Sebze Çorbası

Porsiyon: 4 porsiyon

İçindekiler:
- 2 somon filetosu, derisi alınmış ve ısırık büyüklüğünde kesilmiş
- 1 ½ bardak beyaz soğan, ince doğranmış
- 1 ½ bardak tatlı patates, soyulmuş ve doğranmış
- 1 su bardağı brokoli çiçeği, küçük parçalar halinde kesilmiş
- 3 su bardağı tavuk suyu
- 2 bardak tam yağlı süt
- 2 yemek kaşığı çok amaçlı un
- 1 çay kaşığı kurutulmuş kekik
- 3 Yemek kaşığı tuzsuz tereyağı
- 1 defne yaprağı
- Tatmak için biber ve tuz
- Düz maydanoz, ince doğranmış

Talimatlar:
a) Kıyılmış soğanı tuzsuz tereyağında yarı saydam olana kadar pişirin. Unu karıştırın ve tereyağı ve soğanla iyice karıştırın. Tavuk suyunu ve sütü dökün, ardından tatlı patates küplerini, defne yaprağını ve kekiği ekleyin.

b) Karışımı ara sıra karıştırarak 5-10 dakika kaynamaya bırakın.

c) Somon ve brokoli çiçeklerini ekleyin. Daha sonra 5-8 dakika pişirin.

d) Tuz ve karabiberle tatlandırın ve gerektiğinde tadı ayarlayın.

e) Küçük ayrı kaselere aktarın ve kıyılmış maydanozla süsleyin.

77. Kremalı Füme Somonlu Makarna

Porsiyon: 2 porsiyon

İçindekiler:
- 2 büyük füme somon filetosu, küçük parçalara bölünmüş
- $\frac{3}{4}$ su bardağı rendelenmiş parmesan peyniri
- $\frac{1}{2}$ fincan çok amaçlı krema
- 1 büyük kırmızı soğan, ince kıyılmış
- 3 Yemek kaşığı tuzsuz tereyağı
- 2 yemek kaşığı taze sarımsak, kıyılmış
- 2 yemek kaşığı tam yağlı süt
- 1 Yemek kaşığı sızma zeytinyağı
- 250 gram fettuccine veya spagetti noodle
- Tatmak için biber ve tuz
- Garnitür olarak taze maydanoz

Talimatlar:
a) Orta ateşte, orta ila büyük boy bir tencerede suyu kaynatın. Daha sonra fettucini (veya spagetti erişarak eriştesini) ekleyin ve 10-12 dakika veya ısırıldığında hala sertleşene kadar pişmesine izin verin. Yarım su bardağı makarna suyunu ayırıp bir kenara koyun.

b) Büyük bir tavada tereyağı ve zeytinyağını eritin. Soğanı ve sarımsağı ekleyip soğanlar şeffaflaşıncaya kadar pişirin.

c) Kremayı ve sütü ekleyip yavaş yavaş kaynamaya bırakın.

d) Parmesan peynirini karıştırın ve peynir sosla iyice karışana kadar sosu karıştırmaya devam edin. Taze çekilmiş biberle tatlandırın.

e) Makarna suyunu yavaş yavaş sosa ekleyin ve yavaş yavaş kaynamaya bırakın. Kabarcıklar oluşmaya başlayınca ateşi söndürün.

f) Makarna eriştelerini iyice süzün ve tavaya ekleyin. Makarnayı ve sosu iyice karıştırın, ardından kuşbaşı somonu ekleyin.

g) Sıcakken hemen servis yapın ve taze doğranmış maydanoz ve rendelenmiş parmesan peyniri ile süsleyin.

78. Karışık Sebzeli Pilavlı Karartılmış Somon

Porsiyon: 4 porsiyon

İçindekiler:
Somon
- 4 somon filetosu, derisi alınmış
- 1 çay kaşığı tatlı kırmızı biber
- 1 çay kaşığı kurutulmuş kekik
- 1 çay kaşığı kurutulmuş kekik
- 1 çay kaşığı kimyon tozu
- $\frac{1}{2}$ çay kaşığı öğütülmüş rezene
- 1 Yemek kaşığı sızma zeytinyağı
- 1 Yemek kaşığı tuzsuz tereyağı

Pirinç
- 2 su bardağı yasemin pirinci
- 3 $\frac{1}{2}$ su bardağı su
- $\frac{1}{2}$ bardak tatlı mısır
- 1 büyük beyaz soğan, ince kıyılmış
- 1 büyük yeşil dolmalık biber, ince doğranmış
- $\frac{1}{2}$ bardak kişniş yaprağı, ince doğranmış
- $\frac{1}{4}$ bardak taze soğan, ince doğranmış
- $\frac{1}{2}$ bardak siyah fasulye, iyice süzülmüş
- $\frac{1}{2}$ çay kaşığı füme İspanyol kırmızı biberi
- 2 yemek kaşığı taze sıkılmış limon suyu
- 1 Yemek kaşığı sızma zeytinyağı

Talimatlar:
a) Sığ, orta boy bir kapta somon için tüm baharatları birleştirin. Hafifçe tuz ve karabiber serpin ve tadını tercihinize göre ayarlayın. Her somonu baharat karışımıyla kaplayın. Bir kenara koyun ve somonun tüm lezzetleri özümsemesine izin verin.

b) Orta boy bir tencerede zeytinyağını kısık ateşte ısıtın. Soğanı, tatlı mısırı ve dolmalık biberi ekleyin; soğan yarı saydam hale gelinceye kadar karıştırın. Kırmızı biberi ekleyin ve 2 dakika karıştırın. Suyu dökün ve yasemin pirincini ekleyin. Yavaş ateşe verin ve tencerenin kapağını kapatın. 15-20 dakika veya pirinç tüm suyu emene kadar pişirin. 5 dakika bekletin.

c) Pişmiş pirince siyah fasulye, kişniş, taze soğan ve limon suyunu karıştırın. İyice karıştırın.

d) Zeytinyağı ve tereyağını bir tavada orta ateşte ısıtın. Somonun her iki tarafını da 8-10 dakika pişirin.

e) Servis tabağına sebzeli pilavla birlikte yerleştirin.

79. Honeydew Kavun Salsa ile Zencefilli Somon

Porsiyon: 4 porsiyon

İçindekiler:
- 4 somon filetosu, derisiz
- 2 bardak tatlı kavun, küçük küpler halinde kesilmiş
- 2 yemek kaşığı taze sıkılmış limon suyu
- $\frac{1}{4}$ bardak kişniş yaprağı, taze doğranmış
- 2 yemek kaşığı nane yaprağı, ince doğranmış
- 1 çay kaşığı kırmızı pul biber
- 3 yemek kaşığı taze zencefil, rendelenmiş
- 2 çay kaşığı köri tozu
- 2 Yemek kaşığı sızma zeytinyağı
- Tatmak için tuz ve beyaz biber

Talimatlar:
a) Tatlı kavun, kişniş, nane, limon suyu ve pul biberi orta boy bir kapta birleştirin. Tuz ve karabiber ekleyin ve gerektiğinde baharatları ayarlayın.

b) Salsayı buzdolabında en az 15 dakika soğutun.

c) Ayrı bir kapta rendelenmiş zencefil, köri tozu, tuz ve karabiberi birleştirin. Bu karışımı somon filetoların her iki tarafına yayın.

d) Balıkların marine edilmesine izin vermek için 5 dakika bekletin.

e) Zeytinyağını düşük ila orta ateşte ısıtın. Somonun her iki tarafını da 5-8 dakika veya balığın ortası opaklaşana kadar pişirin.

f) Somonu yanında soğutulmuş kavun salsa ile servis edin.

80. Erişteli Asya Usulü Somon

Porsiyon: 4 porsiyon

İçindekiler:

Somon

- 4 somon filetosu, derisi alınmış
- 2 Yemek kaşığı kavrulmuş susam yağı
- 2 Yemek kaşığı saf bal
- 3 yemek kaşığı hafif soya sosu
- 2 Yemek kaşığı beyaz sirke
- 2 yemek kaşığı sarımsak, kıyılmış
- 2 yemek kaşığı taze zencefil, rendelenmiş
- 1 çay kaşığı kavrulmuş susam
- Garnitür için kıyılmış taze soğan

Pirinç eriştesi

- 1 paket Asya pirinç eriştesi

Sos

- 2 yemek kaşığı balık sosu
- 3 yemek kaşığı taze sıkılmış limon suyu
- Pul biber

Talimatlar:

a)   Somon turşusu için susam yağı, soya sosu, sirke, bal, kıyılmış sarımsak ve susam tohumlarını birleştirin. Somonun içine dökün ve balığın 10-15 dakika marine olmasına izin verin.

b)   Somonu zeytinyağıyla hafifçe yağlanmış bir fırın tepsisine yerleştirin. 420F'de 10-15 dakika pişirin.

c)   Somon fırındayken pirinç noodle'larını paketin üzerindeki talimatlara göre pişirin. İyice süzün ve ayrı kaselere aktarın.

d)   Balık sosunu, limon suyunu ve pul biberi karıştırıp pirinç noodle'larına dökün.

e)   Her erişte kasesini taze pişmiş somon filetoyla doldurun. Taze soğan ve susamla süsleyin.

81. Tavada Kızarmış Somonlu Limonlu Pilav

Porsiyon: 4 porsiyon

İçindekiler:

Pirinç
- 2 bardak pirinç
- 4 su bardağı tavuk suyu
- $\frac{1}{2}$ çay kaşığı beyaz biber
- $\frac{1}{2}$ çay kaşığı sarımsak tozu
- 1 küçük beyaz soğan, ince doğranmış
- 1 çay kaşığı ince rendelenmiş limon kabuğu rendesi
- 2 yemek kaşığı taze sıkılmış limon suyu

Somon
- 4 somon filetosu, kılçıkları çıkarılmış
- Tatmak için biber ve tuz
- 2 Yemek kaşığı sızma zeytinyağı

Dereotu Sosu
- $\frac{1}{2}$ fincan Yunan yoğurdu, az yağlı çeşit
- 1 yemek kaşığı taze sıkılmış limon suyu
- 1 Yemek kaşığı taze soğan, ince doğranmış
- 2 yemek kaşığı taze dereotu yaprağı, ince doğranmış
- 1 çay kaşığı taze limon kabuğu rendesi

Talimatlar:
a) Dereotu sosu için tüm malzemeleri küçük bir kapta karıştırın. En az 15 dakika buzdolabına koyun.

b) Orta boy bir tencerede tavuk suyunu kaynatın. Pirinç, sarımsak, soğan ve beyaz biberi ekleyip hafifçe karıştırın.

c) Tencerenin kapağını kapatın ve pirinç, tavuk suyunun tamamını emene kadar pişirin.

d) Et suyu nihayet emildiğinde, limon kabuğu rendesini ve suyunu ekleyin ve birleştirmek için iyice karıştırın. Kapağı tekrar kapatıp pirinci 5 dakika daha pişirin.

e) Büyük bir kızartma tavasında zeytinyağını kısık ateşte ısıtın. Somonu kızartmadan önce tuz ve karabiberle tatlandırın. Somonun her iki tarafını da 5-8 dakika veya istenilen pişme derecesine gelinceye kadar pişirin.

f) Tavada kızartılmış somonu pilav ve sosla birlikte servis edin.

82. Alaska somonu ve avokado makarna salatası

Verim: 4 porsiyon

Bileşen
- 6 ons Kuru makarna
- 1 kutu Alaska somonu
- 2 yemek kaşığı Fransız sosu
- 1 demet Yeşil soğan; ince dilimlenmiş
- 1 Kırmızı dolmalık biber
- 3 yemek kaşığı Kişniş veya maydanoz; doğranmış
- 2 yemek kaşığı Hafif mayonez
- 1 Kireç; suyu sıkılmış ve kabuğu rendelenmiş
- 1 yemek kaşığı Domates salçası
- 3 Olgun avokado; doğranmış
- $\frac{1}{2}$ bardak Ekşi krema
- Servis edilecek marul yaprakları
- Tatmak için kırmızı biber

Talimatlar:

a) Makarnayı paketin üzerindeki talimatlara göre pişirin. Drenaj yapın ve Fransız sosuyla atın. Soğumaya bırakın. Somonu süzün ve rendeleyin. Yeşil soğan, dilimlenmiş dolmalık biber ve kişniş ile makarnaya ekleyin.

b) Limon suyu ve rendelenmiş kabuğu, mayonezi, ekşi kremayı ve domates salçasını iyice birleşene kadar çırpın. Makarna salatasını sosla karıştırın. Tuz ve karabiberle tatlandırın; örtün ve soğutun. Servis yapmadan önce avokadoları yavaşça salataya atın.

c) Salatayı marul yapraklarından oluşan bir yatağın üzerine kaşıkla dökün. Süslemek için kırmızı biber serpin.

83. Alaska somon salatalı sandviç

Verim: 6 Sandviç

Bileşen

- $15\frac{1}{2}$ ons Konserve Alaska somonu
- ⅓bardak sade yağsız yoğurt
- ⅓bardak doğranmış yeşil soğan
- ⅓bardak kıyılmış kereviz
- 1 yemek kaşığı Limon suyu
- Karabiber; tatmak
- 12 dilim ekmek

Talimatlar:

a) Somonu süzüp pul haline getirin. Biber ve ekmek dışında kalan malzemeleri karıştırın. Tatmak için biberle baharatlayın.

b) Ekmek dilimlerinin yarısına somon karışımını sürün; kalan ekmeği üzerine serpin. Sandviçleri ikiye veya dörde bölün.

c) 6 sandviç yapar.

84. Füme somon, salatalık ve makarna salatası

Verim: 3 Porsiyon

Bileşen

- 3 ons İnce spagetti; pişmiş
- $\frac{1}{2}$ Salatalık; dörde bölünmüş/dilimlenmiş
- 3 büyük dal taze dereotu
- 1 su bardağı Yaprak marul; ısırık büyüklüğünde yırtık
- 1 veya 2 yeşil soğan ve bazılarının üstleri; dilimlenmiş
- 3 ons Füme somon; pul pul (4'e kadar)
- $\frac{1}{4}$ bardak Yağsız veya az yağlı ekşi krema
- 2 yemek kaşığı Yağsız yoğurt; (ova)
- 1 yemek kaşığı Limon suyu
- 1 Domates; takozlar halinde
- Taze maydanoz dalları

Talimatlar:

a) Kaynayan tuzlu suda makarnayı haşlayın. Bu arada, salata malzemelerinin geri kalanını orta boy bir kapta birleştirin ve garnitür olarak kullanmak üzere birkaç somon parçasını ayırın. Küçük kapta pansuman malzemelerini birleştirin.

b) Soğutulmuş makarnayı diğer salata malzemeleriyle karıştırın. Pansuman ekleyin ve karıştırmak için hafifçe fırlatın. Ayrılmış somon pulları, domates ve maydanozla süsleyin. Sakin olmak.

c) Servis saatinden 10 dakika önce buzdolabından çıkarın.

85. Sıcak patates salatası üzerine karamelize somon

Verim: 4 porsiyon

Bileşen

- 2 yemek kaşığı zeytinyağı
- $\frac{1}{2}$ pound öğütülmüş andouille sosisi
- 2 bardak jülyen soğan
- 1 tuz; tatmak
- 1 adet taze çekilmiş karabiber; tatmak
- 1 yemek kaşığı kıyılmış sarımsak
- 2 pound beyaz patates; soyulmuş, küçük doğranmış,
- 1 ve yumuşayana kadar pişirilir
- $\frac{1}{4}$ bardak creole hardalı
- $\frac{1}{4}$ bardak doğranmış yeşil soğan; sadece yeşil kısım
- 8 somon filetosu
- 1 bayou patlaması
- 2 su bardağı toz şeker
- 2 yemek kaşığı ince kıyılmış taze maydanoz yaprağı

Talimatlar:

a) Büyük bir sote tavasına, orta ateşte bir çorba kaşığı yağ ekleyin.

b) Yağ ısınınca salçayı ekleyin. Sosisleri 2 dakika kadar kızartın. Soğanları ekleyin. Tuz ve karabiberle tatlandırın. Soğanları 4 dakika veya yumuşayana kadar soteleyin. Sarımsak ve patatesleri karıştırın.

c) Tuz ve karabiberle tatlandırın. 4 dakika sotelemeye devam edin. Hardal ve yeşil soğanı karıştırın. Ateşten alın ve bir kenara koyun. Somonun her iki tarafını da Bayou Blast ile baharatlayın.

d) Somonu tamamen kaplayacak şekilde şekere bulayın. Kalan yağı iki büyük sote tavasında ısıtın. Somonu ekleyin ve her iki tarafını yaklaşık 3 dakika veya somon karamelize olana kadar pişirin.

e) Sıcak patates salatasını her tabağın ortasına yerleştirin. Somonu salatanın üzerine dizin. Maydanozla süsleyin.

86. Dondurulmuş somon salatası

Verim: 6 Porsiyon

Bileşen

- 2 yemek kaşığı Aromasız jelatin
- $\frac{1}{4}$ bardak Soğuk su
- 1 su bardağı kaynar su
- 3 yemek kaşığı Taze sıkılmış limon suyu
- 2 su bardağı Pul pul somon
- $\frac{3}{4}$ bardak Salata sosu veya mayonez
- 1 su bardağı doğranmış kereviz
- $\frac{1}{4}$ bardak doğranmış yeşil biber
- 1 çay kaşığı kıyılmış soğan
- $\frac{1}{2}$ çay kaşığı Tuz
- 1 tutam Biber

Talimatlar:

a) Jelatini soğuk suda yumuşatın; kaynar su ekleyin, ardından iyice soğutun. Limon suyu, somon, salata sosu veya mayonez ve baharatları ekleyin.

b) Yağlanmış kalıba dökün ve sertleşinceye kadar soğutun. Verim: 6 porsiyon.

87. Serin somon severlerin salatası

Verim: 4 Porsiyon

Bileşen

- 1 pound Pişmiş kral veya koho somonu; parçalara ayrılmış
- 1 su bardağı dilimlenmiş kereviz
- $\frac{1}{2}$ su bardağı iri kıyılmış lahana
- $1\frac{1}{4}$ bardak Mayonez veya salata sosu; (1 1/2'ye kadar)
- $\frac{1}{2}$ bardak Tatlı turşu çeşnisi
- 1 yemek kaşığı Hazır yaban turpu
- 1 yemek kaşığı İnce doğranmış soğan
- $\frac{1}{4}$ çay kaşığı Tuz
- 1 tutam Biber
- Lahana Yaprakları; marul yaprakları veya hindiba
- Dilimlenmiş turp
- Dereotu-turşu dilimleri
- Rulo veya kraker

Talimatlar:

a) Büyük bir karıştırma kabı kullanarak somonu, kerevizi ve lahanayı yavaşça karıştırın.

b) Başka bir kapta mayonez veya salata sosunu, turşu çeşnisini, yaban turpu, soğanı, tuzu ve karabiberi birlikte karıştırın. Somon karışımına ekleyin ve kaplayın. Salatayı örtün ve servis zamanına kadar (24 saate kadar) soğutun.

c) Bir salata kasesini yeşilliklerle kaplayın. Somon karışımına kaşıkla dökün. Üstüne turp ve dereotu turşusu ekleyin. Salatayı rulo veya krakerle servis edin.

d) 4 ana yemek porsiyonu yapar.

88. Dereotu somon salatası

Verim: 6 Porsiyon

Bileşen
- 1 su bardağı sade yağsız yoğurt
- 2 yemek kaşığı ince kıyılmış taze dereotu
- 1 yemek kaşığı Kırmızı şarap sirkesi
- Tuz ve taze çekilmiş karabiber
- Deriden ve sinirlerden temizlenmiş 1 2 lb somon filetosu (1 inç kalınlığında)
- 1 yemek kaşığı Kanola yağı
- $\frac{1}{2}$ çay kaşığı Tuz
- $\frac{1}{2}$ çay kaşığı Taze çekilmiş karabiber
- 1 orta boy Salatalık
- Kıvırcık yapraklı marul
- 4 Olgun domates; ince dilimlenmiş
- 2 orta boy Kırmızı soğan; soyulup ince ince dilimlenip halkalara ayrılır
- 1 Limon; uzunlamasına ikiye bölünmüş ve ince dilimlenmiş

Talimatlar:

a) Sosu hazırlayın: Yoğurt, dereotu, sirke, tuz ve karabiberi karıştırın. Buzdolabına koyun. Salatayı hazırlayın: Somonun her iki tarafına da yağ, tuz ve karabiber serpin.

b) Izgarayı çok sıcak olana kadar ısıtın. Somonu ızgaraya koyun ve üstü kapalı olarak her iki tarafı da yaklaşık $3\frac{1}{2}$ dakika pul pul oluncaya kadar pişirin. Servis tabağına alıp en az 5 dakika dinlenmeye bırakın. $\frac{1}{2}$ inçlik dilimler halinde kesin.

c) Somonu bir kaseye koyun ve sosla birlikte atın. Örtün ve soğutun. Servis yapmadan hemen önce salatalıkları soyun ve uzunlamasına ikiye bölün. Küçük bir kaşık kullanarak ortasını kazıyarak çekirdeklerini çıkarın. İnce dilimleyin.

d) Marul yapraklarıyla kaplı büyük bir tabağın ortasında somon karışımı yığını. Salatalık, domates, soğan ve limon dilimleri ile çevreleyin. İstenirse ilave dereotu ile süsleyin.

89. Çıtır otlar ve oryantal salata ile somon balığı

Verim: 1 Porsiyon

Bileşen
- 160 gram Somon Fileto
- 5 gram Çin Beş Baharat Tozu
- 15 mililitre Soya Sosu
- 10 gram Domates; doğranmış
- 2 çay kaşığı Vinaigrette
- 20 mililitre Zeytinyağı
- 40 gram Karışık Salata Yaprakları
- 5 gram Kızartılmış Fesleğen, Kişniş, Maydanoz
- 10 gram Su Kestanesi; Dilimlenmiş
- 10 gram Soyulmuş Kırmızı ve Yeşil Biber; Julienned
- Tuz ve Karabiber

Talimatlar:

a) Somonu soya sosu ve beş baharatla marine edin. Biraz zeytinyağında kızartın ve her iki tarafını da yavaş yavaş pişirin.

b) Salata yapraklarını giyin. Tabağa su kestaneleri koyun, üzerine somon koyun ve salata yapraklarını biberle birlikte dizin.

90. Ada somon salatası

Verim: 1 porsiyon

Bileşen
- 8 ons Somon veya diğer sert balık filetosu
- 1 yemek kaşığı Zeytinyağı
- 1 yemek kaşığı limon veya limon suyu
- 1 çay kaşığı Cajun veya Jamaika Jerk baharatı
- 6 su bardağı doğranmış karışık yeşillik
- 2 orta boy Portakal; soyulmuş ve kesitlere ayrılmış
- 1 su bardağı Çilek; yarıya indirildi
- 1 orta boy Avokado; yarıya bölünmüş, çekirdekleri çıkarılmış, soyulmuş, dilimlenmiş
- 1 orta boy Mango; tohumlanmış, soyulmuş, dilimlenmiş
- $\frac{1}{4}$ bardak Kıyılmış Macadamia fıstığı veya Badem; tost
- tortilla topları
- Tarhun-Ayran Sosu
- Kireç kabuğu bukleler

Talimatlar:
a)   Balıkları yağla fırçalayın, limon veya limon suyu serpin ve baharatlayın. Yağlanmış ızgara sepetine yerleştirin. Her $\frac{1}{2}$ inç kalınlık için 4-6 dakika veya balıklar kolayca pul pul oluncaya kadar, bir kez çevirerek ızgara yapın. Balıkları ısırık büyüklüğünde parçalara ayırın.

b)   Balıkları, yeşillikleri, portakalları, çilekleri, avokado ve cevizi büyük bir karıştırma kabında birleştirin: yavaşça karıştırın. Tortilla Kaselerine kaşıkla dökün ve sosu üzerine gezdirin.

c)   İstenirse her porsiyonu limon kabuğu kıvrımıyla süsleyin.

ÇÖZÜM

Taze ya da dondurulmuş, hepimiz somonu severiz! Yine de taze olanın her zaman en lezzetlisi olduğunu kabul etmemiz gerekiyor. Dürüst olmak gerekirse bu tariflerde hangi türü kullandığınızın bir önemi yok.

Ayrıca somon balığı son derece sağlıklıdır çünkü tırnaklarınıza, cildinize ve saçlarınıza iyi gelen iyi yağlarla doludur; yani pişirmemeniz için hiçbir mazeretiniz yok.

Milton Keynes UK
Ingram Content Group UK Ltd.
UKHW020627180923
428890UK00014B/626